广东省哲学社会科学"十三五"规划项目（GD2
广东省教育科学"十三五"规划项目（2019GXJK087）

小学课程教学中的
创新思维训练

韩迎春　著

电子科技大学出版社
University of Electronic Science and Technology of China Press

·成都·

图书在版编目（CIP）数据

小学课程教学中的创新思维训练 / 韩迎春著. — 成都：电子科技大学出版社, 2021.2

ISBN 978-7-5647-8766-0

Ⅰ.①小… Ⅱ.①韩… Ⅲ.①课堂教学 – 教学研究 – 小学 Ⅳ.①G622.421

中国版本图书馆CIP数据核字(2021)第030761号

小学课程教学中的创新思维训练

韩迎春　著

策划编辑	杜　倩　李述娜
责任编辑	杜　倩
助理编辑	魏祥林
出版发行	电子科技大学出版社
	成都市一环路东一段159号电子信息产业大厦九楼　邮编　610051
主　　页	www.uestcp.com.cn
服务电话	028-83203399
邮购电话	028-83201495
印　　刷	石家庄汇展印刷有限公司
成品尺寸	170mm×240mm
印　　张	12.25
字　　数	227千字
版　　次	2021年2月第一版
印　　次	2021年2月第一次印刷
书　　号	ISBN 978-7-5647-8766-0
定　　价	59.00元

Preface

前　言

　　一直以来，我国高度重视创新。2014 年 6 月，习近平强调我国科技发展的方向就是创新、创新、再创新。2019 年 2 月，中共中央、国务院印发的《粤港澳大湾区发展规划纲要》中提出，广东省要立足于粤港澳大湾区创新要素聚集的优势，实施创新驱动发展战略。2020 年 11 月 3 日发布的《中共中央关于制定国民经济和社会发展第十四个五年规划和二〇三五年远景目标的建议》中提出了四个关键词——创新、产业、市场和改革。科技创新在我国未来现代化发展中将占据核心地位。实施创新驱动发展战略，最根本的是要增强自主创新能力，这是新时代对我国教育事业提出的一项极为重要的要求，而教师作为担负这一重任的从业者，其自身的创新能力就显得尤为重要。创新人才不仅要有知识，而且需要创造性的思维方式、能力以及创造性人格。创新思维是创新能力的具体表现和核心，是教师进行教学创新和创新教学的核心基础和不竭源泉。[1]教师的创新能力不仅影响其实施教育创新的可能性，更会影响学生创新能力的发展水平。是否具有创新能力是新时代衡量教师合格与否的重要标志之一。努力发展创新能力，完善自身能力结构，也是当下教师应具备的职业素质之一。

　　本书由广东第二师范学院创建国家教师教育创新实验区——名家工作室项目资助，是广东省哲学社会科学"十三五"规划 2020 年度一般项目"智能时代粤港澳大湾区教师教育合作模式与创新应用研究"（课题编号：GD20CJY15）、广东省教育科学"十三五"规划 2019 年度高校哲学社会科学专项研究项目"新时代粤港澳大湾区教师教育协同创新与发展研究"、2019 年广东省省级高等教育教学改革项目"智能教育产业学院建设的探索与实践"的阶段性研究成果。

　　本书的案例主要来源于广东第二师范学院创建国家教师教育创新实验区示范性教师教育实践基地学校，案例的筛选和打磨工作主要依托广东第二师范

---

[1]　胡卫平.系统概括 40 年的研究成果，引领我国创造性研究和创新人才培养——评林崇德教授的《创造性心理学》[J].黑龙江高教研究，2019(1)：157-158.

学院教学法联盟、教学名师队伍和教师教育学院教学团队来完成。全书分两个模块，共计 11 章。具体编写分工如下：第一章"创新思维训练的理论与技术"由付道明教授执笔；第二章"创新思维中的教育技术"由朱龙，董安美，王一敏，麦子号，吕晓红五位老师撰写；第三章"教师创新思维中的认知与脑科学"由韩迎春，梁运华，李俊娇三位老师撰写（其中第一、二节由梁运华老师执笔，第三节由韩迎春副教授执笔，第四节由李俊娇老师执笔）；第四章"创新思维训练的方法与技术"由韩迎春副教授撰写；第五章"德育中的创新思维训练"由周可桢、吴回生两位老师撰写（其中第一、二节由周可桢副教授执笔，第三节由吴回生教授执笔）；第六章"语文教学中的创新思维训练"由余新明副教授执笔；第七章"数学教学中的创新思维训练"由阎昕明老师执笔；第八章"英语教学中的创新思维训练"由傅瑞屏教授执笔；第九章"体育教学中的创新思维训练"由仲亚伟老师执笔；第十章"信息技术教育中的创新思维训练"由王一敏老师执笔；第十一章"科学教学中的创新思维训练"由刘建强副教授执笔。韩迎春副教授负责书籍编写的组织与策划和全书统稿工作。本书在编写过程中借鉴和采用了国内众多研究者的研究成果，在这里，向这些研究者表示由衷的敬意和谢意！

韩迎春

2020 年 12 月 20 日

Contents

目　录

模块 1　创新思维训练的理论与技术

模块 2　小学课程教学创新思维训练

模块 1

创新思维训练的理论与技术

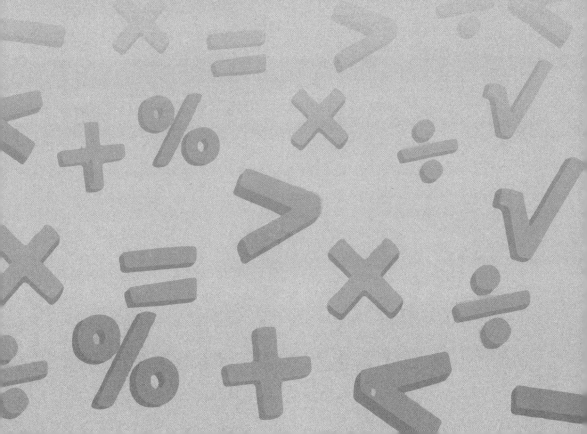

第一章　创新思维概述

【引言】

　　努力让中国的每个孩子都能享有公平而有质量的教育是进入中国特色社会主义新时代后党和政府努力的方向，已写入中国共产党十九大报告中。中小学生创新能力的培养成为基础教育领域关注的热点和重点。而在基础教育创新性教育教学改革中，教师无疑承担了关键的职责。国内外相关研究显示，教师创新性教学行为与中小学生创新能力的培养有显著的相关性。

【本章要点】

- 创新思维的内涵与构成元素
- 创新思维训练的依据与意义
- 小学课程教学中创新思维的训练

第一节　创新思维的内涵与构成元素

一、创新思维与智慧

（一）创新思维

20 世纪 60 年代以来，随着认知心理学的兴起和快速发展，思维与创造力的研究引起哲学、社会科学领域研究者们的高度重视。研究者们开始运用社会科学和自然科学的方法从基础研究入手分析创新思维，试图破解人类创造力形成的认知基础。几乎与基础研究同步，为了极大地促进企业员工创造更多的价值，创新思维训练被运用在企业员工培训中。美国在 1970 年代首先尝到了甜头，企业通过创新思维训练大大提高了生产效率和绩效，同时，一批创新思维训练手段、方法以及测量量表被开发出来。西方一些发达国家纷纷效仿美国，在全球掀起了创新思维训练和创新教育的热潮。20 世纪末，以创新思维为研究对象的新型逻辑学科——创新思维学诞生。[1]该学科系统研究创新思维的心理哲学基础，创新思维的本质、基本原理、创新技法以及训练方法等。

2006 年，中华人民共和国国务院颁布了《国家中长期科学和技术发展规划纲要（2006—2020）》[2]（简称《纲要》），旨在促进我国科学技术创新发展，《纲要》提出的目标是到 2020 年我国科学技术自主创新能力显著增强，科技促进经济社会发展和保障国家安全的能力显著增强，使得中国进入创新型国家行列。历史上，我国以"两弹一星"、载人航天、杂交水稻等为代表的若干重大项目为依托，以创新思维训练为抓手，取得若干重大科技创新成果，有效提升了国家的综合实力。

进入新时代，以习近平同志为核心的党中央高度重视科技创新工作，观察大势、谋划全局、深化改革、全面发力，推动我国科技事业取得了历史性成就，发生了历史性变革。天宫、蛟龙、天眼、悟空、墨子、大飞机、高铁、北斗等重大创新成果竞相涌现，科技创新势头强劲，一些前沿领域开始进入同世界科技强国并跑、领跑阶段，科技实力正在从量的积累迈向质的飞跃，从点的突破迈向系统能力的提升。2020 年突如其来的新冠疫情及其防控，让我国的国家制度优势、完整的工业体系、整体的创新能力全面展示在全世界面前。在这次抗击新冠肺炎疫情过程中，广大科技工作者在疫病治疗、疫苗研发、疫情防控等多个重要领域开展科研攻关，为统筹推进疫情防控和经济社会发展提供了有力支撑、作出了重大贡献。教师的创新教学在新时代发挥了重要的作用，我国教育多年的厚积薄发成就了今日科技创新之成果。

创新思维是创新的一个部分、一个阶段，是人类思维的高级形态，它主要是指思维上的创新，创造或产生一个新的思想、观点、知识等。运用创新思维使人们能够获得前所未有的、有价值的创新思维成果，即认识成果。千百年来，人类正是通过创新思维去认识周围的世界，并通过创造性活动去改变世界。对于创新思维的概念与内涵，通常有广义和狭义两种界定。广义的创新思维主要是指科学问题解决过程中所有对创造性成果起作用的思维；狭义的创新思维则是指人类创新创造活动中直接由思维活动产生创造性成果的思维，如灵感思维、直觉思维、顿悟等。本研究主要关注教师开展创新性教学中直接由思维活动而形成创新成果的思维，即狭义的学科教学创新思维。由此而研发的学科教学创新思维训练工具、方法以及实施案例均基于此。在创新性教学中，发散思维、聚合思维、系统思维、直觉思维以及灵感、想象等思维形式为教师们常用的思维方法。

根据我国心理学大辞典的解释，创新思维（创造性思维）既具有一般思维的特点，又不同于一般思维。首先，创新思维往往与创造性活动联系在一起，其结果是产生具有社会价值的新颖而独特的思维成果；其次，创新思维是思维与想象的有机统一；再其次，创新思维活动中常常有"灵感"的出现；最后，创新思维是发散思维和聚合思维、分析思维与直觉思维的统一。[3]

（二）智慧

"智慧"一词最早出自《墨子·尚贤中》："若此之使治国家，则此使不智慧者治国家也，国家之乱，既可得而知已。"[4]经济学、博弈理论高级学术著作《博弈圣经》给智慧的定义为：智慧就是文化进程中独创的执行力。[5]智慧是生命所具有的基于生理和心理器官的一种高级创造思维能力，包含对自然与人文的感知、记忆、理解、分析、判断、升华等所有能力。智慧与智力不同，智慧表达智力器官的综合终极功能，与"形而上之道"有异曲同工之处；智力则谓"形而下之器"，是生命的一部分技能。[6]

古今中外，研究者们专门针对智慧的研究较为稀少和分散，也鲜有专门著述、研究智慧这一主题的文献。遵循文献研究的思路，我们大致可以从哲学和心理学两个领域整理出一些零散的提及"智慧"这一概念的文献。

从哲学研究的视角，古代中外先贤均对智慧早有论述，如赫拉克利特（Heraclitus）、苏格拉底（Socrates）、柏拉图（Plato）、亚里士多德（Aristotle）、西塞罗（Marcus Tullius Cicero）、笛卡尔（René Descartes）、罗素（B.A.W. Russell），以及我国古代如先秦儒、道、墨、法诸家，汉代哲学家王允，近代著名哲学家冯契以及当代哲学家们从形而上、实践生活、体悟运用直至实践唯物辩证主义等维度对智慧的内涵、本质、构成以及价值取向进行了哲学层面的分析。综合古今中外哲学家们的思考，智慧在哲学层面主要指涉及人性、人的全面发展的复杂的、整体的和系统的对人的全面本质的占有。[7]

从心理学的视角，20世纪初美国心理学家斯坦利·霍尔（G. Stanley Hall）首次提出"智慧"这一概念。心理学领域在研究智力和创造力问题时，对智慧进行了深入的探讨，并形成了内隐和外显两种理论假说。

具有代表性的外显智慧理论有"八阶段理论"、智慧平衡理论、柏林智慧范式、智慧的跨学科整合理论、"超越智慧"理论、进化解释学说、观念反思学说、多维度理论、三维模式理论、德才兼备理论等十余种。[8]如心理学家爱利克·埃里克森（E. H. Erikson）提出著名的"八阶段理论"，认为人生的每个阶段都处于两种对立的人格发展状态中，老年期的"整合"人格便说明了个体已获得充实的、超脱的和完美感的智慧，能坦然面对死亡。[9]我国心理学研究者提出智慧是个体在智力与知识的基础上形成的德才兼备的综合心理素质。[10]提出内隐智慧理论的心理学家们从语言认知（特征词等级评定）、生活情境叙事以及内隐实验等三个视角对智慧进行了研究。[11]

（三）创新思维与智慧的关系

创新思维与智慧有着密切的联系。无论是哲学领域还是心理学领域对智慧的研究和界定，均认为智慧是人类全面的甚至是德才兼备的综合心理素质，人类智慧人格的获得，必然需要通过智力发展、创新思维训练乃至创造性活动来最终形成。

二、创新思维的本质因素

（一）创新思维的心理学构成元素

创新思维是开拓人类认识新领域的思维活动，是最能反映人类智慧的、复杂的高级思维过程。创新思维始于问题，其发生往往是人类显性意识与潜在意识产生热烈的甚至是激烈的交互作用的结果。创新思维训练的心理元素主要有：①稳定的兴趣和强烈的好奇心。兴趣和好奇心是人类探索和认识世界的一种心理倾向，稳定的兴趣就像兴奋剂一样，可以激发出人们创造事物的极大热情。强烈的好奇心驱动人类主动地去探索宇宙的奥秘。②顽强的意志力是人类锲而不舍的根据认知目标调节自身行为并坚持达成目标的心理品质。③情感是人们对客观事物是否满足自身需要而产生的态度体验，是创新思维中人们在生理上的一种复杂而又稳定的生理评价和体验。④自信心是反映个体对自身是否有能力成功完成某项活动的信任程度的心理特性。

（二）创新思维的本质因素

教学的创新思维作为教师在教育教学活动中的高级思维形式，其本质上是其教学活动中富有独创性、新颖性的思维形式，在本质上是对原有教学的超越与突破。教学创新思维具有首创性、发散性、综合性等特点，是教育创新的源动力。

首先，教学创新思维是富有创见的思维。思维贯穿于教师教育教学活动的方方面面，教师的思维方式是其在教育教学过程中所习惯性运用的思维路线。教师通过调节自身心理素质、生理能力以及整合外部教育环境，使得自身获得较高的教学素质水平，并将创新思维用于教育理念和实践的创新中。

其次，教学创新思维是教学出新与超越的统一。在功能上看，教师的创新思维是在教学过程中的推陈出新、变革传统教育的认知结果实现超越。在教学创新方面，首先是运用创新思维和手段解决教育教学中老旧的教学方式存在的问题，然后是采用新颖的教学思路和方法解决创新人才培养中的难题，最后是教师运用创新思维解决教学改革的核心问题，获得全新的思维成果。

三、学科教学中创新思维的内涵与构成元素

教师学科教学中的创新思维培养与训练历来受到各国的重视。从 20 世纪 30 年代以来，美国就开始从国家层面培养国民的创新思维，先后启动了 2061 计划、阿尔法计划等，对教师在学科教学中如何开展创新性教学提出了明确和具体的要求。[12] 欧美其他国家如英国等也在本国中小学课程标准中提出创新思维培养和技能训练的相关要求，对教师开展创新性教学提出了要求。中国在此方面落后于欧美国家，20 世纪 80 年代，钱学森创办的中国创造学研究所标志着中国在创新思维研究方面的起步，同时期在全国中小学开始的创造教育实验与研究以及对中小学教师培训等事件反映了我国基础教育对教学创新思维培养的重视。

陕西师范大学胡卫平教授团队基于思维的"三棱结构"模型提出"学思维"活动课程是近几年国内有影响力的创新课程体系。该课程强调教师从激发学生学习动机导入、以认知冲突诱发与主动多重建构开展教学、以学生自我监控进行学习反思、以深度内化和灵活应用进行知识应用的迁移，形成以训练创新思维为核心的创新性教学。[13] 该团队基于"思维型"教学理论构建了教师创新教学行为指标体系，并通过德尔菲法进行了修订和信效度的检验，其形成的教学创新思维的内涵与构成元素具有一定的代表性（见表1-1所列）。

表1-1　教师创新教学行为评价体系（胡卫平等）

A 教学目标与内容	A1 教学目标	A11 突出创新素质
		A12 根据学生特点适当调整教学目标
	A2 教学内容	A21 结合课本内容渗透新知识和新观点
		A22 依据目标及学生学习情况按逻辑顺序适当调整教材内容
B 教学过程与方法	B1 情境创设	B11 设计开放性和探索性问题，鼓励学生独立思考
		B12 引起认知冲突，激发思考
		B13 教学情境切合生活实际
	B2 自主探究	B21 设计开放性和探索性问题，鼓励学生独立思考
		B22 鼓励多种想法、做法，不强调精确答案
		B23 允许学生大胆提出质疑
		B24 鼓励学生针对内容自由提问
	B3 合作交流	B31 设计思维性和挑战性问题，安排小组活动
		B32 学生交流观点、思维互动的机会多
		B33 鼓励学生展示合作成果
	B4 自我监控	B41 引导学生进行自我判断
		B42 鼓励学生从失败中吸取教训，及时调整行为
	B5 应用迁移	B51 引导学生以课堂所学知识及方法解决真实问题
		B52 将知识和方法迁移到其他学科和领域，创造性地解决问题
C 教学评价与反思	C1 宽容评价	C11 认真倾听学生不成熟的想法
		C12 不轻易否定学生观点
	C2 反思升华	C21 要求学生总结反思内容、方法、经验等
		C22 汇总升华，帮助学生建构合理的知识结构

第二节 创新思维训练的依据与意义

一、创新思维训练的依据

教师的创新思维训练历来受到各国的重视，其训练具有生理学、心理学等理论支持。

（一）创新思维训练的生理学依据

从生理学的维度来看，人类是生物界中最具有创造力的生物。人类大脑的容量在随着人类的创造性活动不断进化，从人类创新性地开始使用语言和文字符号进行交流以来，知识就开始不断增长。诺贝尔生理学或医学奖得主神经心理学家罗杰·斯佩里（Roger Wolcott Sperry）裂脑实验的研究表明，人类大脑的左半球主要负责抽象逻辑思维活动如逻辑思维和分析思维，而右半球主要负责形象思维活动如直觉和综合思维活动。[14] 左右脑的协作分工、协调统一，成为人类创新思维训练的生理学基础。

（二）创新思维训练的心理学依据

在教师的创造性教育教学活动中，创新思维始终离不开心理因素的复杂交织和参与，教师稳定的心理结构的协调、稳定、积极的运行构成了教师创造性活动的基础。创新动机、兴趣和好奇心、意志力、情感和自信心等心理品质对教学创新思维的产生、运行和发展具有重要的意义。

（1）创新动机作为一种心理活动，能够有效激发教师发动并维持其创新性教育教学行为活动。创新动机产生于教学创新的需要，其目标指向国家创新型人才的培养，并通过创新型教学文化的打造形成持续的群体动力推动基础教育课程的改革和发展。

（2）创新兴趣是教师对创新性教育教学活动产生的积极的心理倾向，是教师持续创造性开展教学活动的定向动力。[15]

（3）创新意志是贯穿于教师创造性教学活动的基本心理因素，教师通过坚强的意志力克服创造性教学活动中的各种困难来维持创新思维活动的深入并达成创新目标。

（4）创新情感是教师通过控制、管理和调节情感来稳定自身心理状态，以达到创新教学目标和创新型人才培养的心理因素。积极饱满的创新情感对教师具有激励和调控的功能，情感心理因素使得教师能够始终保持创新思维的敏感度，调控自身创新性教学行为。

（5）自信心是教师对自身是否有能力成功完成创新性教育教学活动的信任程度的心理因素。教师通过积极有效地表达自我价值、自我尊重、自我理解来发展自我的意识和心理状态，调节自身行为。

二、创新思维训练的意义与价值

（一）创新思维在国家战略发展中的地位与价值

如今的国际竞争日趋激烈，中美贸易战本质上是国家未来发展制高点的竞争。因此，依靠自主创新的经济、社会、文化、教育、政治等综合实力决定了国家未来发展的成败。教育是人才的蓄水池，是科技进步、经济发展、文化繁荣的基础。教育的创新发展对国家发展具有关键性的作用和意义。

2006年的全国科技大会提出自主创新、建设创新型国家战略，并颁布实施《国家中长期科学和技术发展规划纲要（2006—2020年）》。2016年5月，中共中央、国务院颁布《国家创新驱动发展战略纲要》，中国开始加快实施国家创新驱动发展战略。在世界公认的创新型国家如美国、日本、芬兰、韩国等发展指数中，创新综合指数较高，科技进步贡献率在70%以上，研发投入占GDP的比例超过2%，对外技术依存度指标在30%以下。中国要建设创新型国家，必须储备大量的创新型人才。而创新型人才的培养，离不开教师的创新思维。因此，教学创新思维训练对于国家创新型人才的培养具有重要的地位与价值。

（二）创新思维在人才培养中的地位与价值

（1）高素质、创新性人才的需求悄然改变教育教学的模式，创新思维在人才培养中居于核心地位。

根据研究者对20世纪80年代以来美国社会对劳动者素质的需求分析报告，40年来全美更高知识层次和技能应用的工作几乎全面替代1980年以前的日常操作和常规技能型的工作岗位。[16]大量"基于规则的、程序性的、操作型的"常规工作如电话接听员、流水线工作、图书管理员、司机等岗位被人工智能时代的智能机器人所代替，而需要包含更多"抽象问题解决""创新性思维"的创造性工作，如科学家、设计师、策划者、经理等从事的工作正在成为热门职业。社会对于人才需求的变化正在倒逼高等教育、基础教育的人才培养，学校教育的根本任务是培育公民的创新素质，培养学生应对未来智能时代的社会挑战、处理知识爆炸式增长的信息的素质和能力。在欧洲、日本、新加坡等发达国家，高素质、创新性人才的需求也在悄然改变教育教学的模式，创新思维在人才培养中逐步走向中心舞台，并在人才培养中起到引领和支撑作用。

（2）国内外对教学创新思维在人才培养中的价值审思。

国内外对教师如何启发学生积极思考，培养学生创新型知识、能力和情感态度的关注古而有之。古希腊智者先贤提出，教师要通过基于创新思维的教育教学来启迪思维、提出问题、引发讨论，进而创造性地培养创新人才。如苏格拉底提倡在对话教学中以"讽刺""助产""归纳"与"定义"等步骤开展"产婆术"式的对话教学，使得学生在认知冲突中产生知识创新的意识，在教师的启发式教学中进行积极思考，在归纳与定义教学环节进行创造性知识的获取和升华。康德、费希特、黑格尔等智者也分别阐述了教学创新思维在人才培养中对于学生探索创新性知识的哲学基础和工具手段。

近代以来，实用主义教育家杜威、"发现学习"倡导者布鲁纳等在理论和实践层面对教师创造性地开展教学、基于创新思维培养学生的创造性思维能力、批判性思维能力的价值进行了诸多思考。如杜威强调"做中学"教师创造性教育教学思维对于学生"反复的、严肃的、持续不断的深思"具有重要的意义和价值。[17] 布鲁纳在"发现学习"中强调教学创新思维在学生独立思考、发展探究性思维培养中具有重要的价值，教学创新思维对于培养学生创造性思维和想象力发展具有举足轻重的作用。

中国自古便重视学生问题意识的培养，同时强调教师基于创新思维开展创造性教学活动的价值和作用。[18]"学而不思则罔，思而不学则殆"是中国古代先贤孔子对学生创新性思维培养的较早论述，孔子同时强调教师要以创新性思维进行启发式教学，使学生达到"每事问"，教师要创造性地进行教学——"不愤不启，不悱不发"。中国近代教育家陶行知先生也强调"发明千千万，起点是一问""人力胜天工，只在每事问"。[19] 近30年来，研究者们从教师思维训练、能力结构、课堂教学中的创新思维等多维度进行了分析和探讨。[20]

（三）创新思维在教师专业成长的地位与价值

教师的教育教学成果是教师大脑高级思维的呈现形式，是教学创新思维成果的直接体现。在教师专业成长中，教师的教学成果、人才培养、科研创新等都离不开创新思维的形成和发展。创新思维的训练督促教师在教育教学中不断开拓进取、突破教育教学的重难点，通过创造性的教学培养创新型人才，同时促进自身专业不断发展。联合国教科文组织在 1966 年首次确立了教师作为一个职业的地位，根据《中华人民共和国教师法》（2009 年修正）的规定，中小学教师享有"进行教育教学活动，开展教育教学改革和实验"的权利，因此中小学学科教师往往承担着基础教育改革与发展、通过学科教学开展人才培养、从事基础教育研究等职责。

教师作为专业性较强的职业，其教学实践具有特殊性，即"多专业性"或"边际性"[21]。教师在掌握所教学科及课程的专业知识的基础上，还必须掌握"如何创造性教"的知识和能力。随着以人工智能、大数据、物联网等为代表的新一代信息技术在教育教学中的深度融合与创新应用，整个教育系统将受到巨大的冲击，教师将由知识的传授者变为学习的指导者，这种新的教育理念对教师的创新思维与创新教学行为提出了更高要求。费斯勒把教师的职业周期放在个人环境和组织环境之中加以考察，把教师职业周期分为八个阶段。第一个阶段是职前阶段，这一阶段是教师特定角色的准备期，一般是在师范学院或大学的初始培养阶段，也包括教师担任新角色或工作时的再培训。这一阶段的教师教育技术能力发展是本研究的重点。第二阶段是入职阶段，是从事教师工作的最初几年。第三阶段是形成能力阶段。第四阶段是热心和成长阶段。第五阶段是职业受挫阶段。第六阶段是稳定和停滞阶段。第七阶段是职业滞劲期。第八阶段是职业退出期。（如图 1-1 所示）[22]

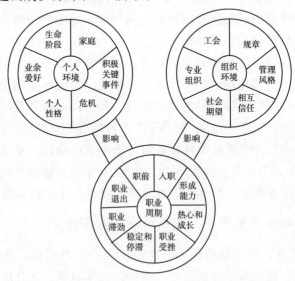

图 1-1　费斯勒（Fessler）的职业周期动态模式

创新思维在教师专业成长的职前、入职、形成能力、热心和成长、职业受挫、稳定和停滞、职业消退以及职业退出等八个阶段均扮演了重要的角色。①职前教师教育阶段，我国各师范院校基本开设通识教育课程、学科专业课程和教师教育课程等三大类课程，在教师创新教学的唯物主义观、学科专业创新知识与能力、教师教育创新理论与技能等方面对职前教师进行培养。②教师入职阶段，往往需要通过专业化培训以培养新入职教师在创造性教学中获取任职的相关知识和技能。教师的创新思维的初步形成并在学科教学中加以实施对教师职业生涯具有重要的意义。③教师在职发展期，教师经历职前培养、入职培训后便开始其持久性的教学生涯。教师创新思维直接影响着在职发展时期教师专业成长。在教学实践中，教师需要不断探究并解决自身与教学目的、内容、媒介以及评价等多方面的问题，通过创造性的教学活动取得创新性的成果，以支撑自身职业的可持续发展。

第三节　小学课程教学中创新思维的训练

我国小学现行学科及课程分类均遵循教育部 2001 年颁布的《基础教育课程改革纲要（试行）》（以下简称《纲要》）的规定。根据《纲要》规定的课程结构，我国小学阶段以综合课程为主。小学低年级开设品德与生活、语文、数学、体育、艺术（或音乐、美术）等课程；小学中高年级开设品德与社会、语文、数学、科学、外语、综合实践活动、体育、艺术（或音乐、美术）等课程。党的十八届三中全会通过《中共中央关于全面深化改革若干重大问题的决定》，决定全面、系统、明确部署对我国教育体制重点领域和关键环节进行改革。

一、德育教学中的创新思维训练

在德育教学中，开发学生的创新思维是课程改革的核心，引导小学生有效提高道德修养，需要加大在课程教学中开展创新思维训练实践。小学德育教学中创新思维训练的方法和策略主要有：①创设问题的情境，激发学生的问题意识；②进行思维的启迪，培养学生的创新思维；③开展德育实践活动，提高学生的创新思维能力；④丰富德育评价机制，激活学生创新思维的发展。

二、语文教学中的创新思维训练

根据 2019 年新修订的《小学语文课程标准》："语文课程是重要的交际工具，工具性与人文性的统一是语文课程的基本特点"，小学语文教师在创新性教学中，应致力于小学生语文素养的形成与发展，注重发展学生思维能力、学习科学的思想方法，通过语言运用，获得直觉思维、形象思维、逻辑思维、辩证思维和创造思维的发展，促进深刻性、敏捷性、灵活性、批判性和独创性等思维品质的提升。语文作为基础课程承担着培养创新思维的重要职责。在小学语文教学中，教师可以采取如下的策略与方法进行创新思维训练：①在师生平等对话的基础上，建立语文学习共同体，营造有益于创新思维训练的良好教学氛围；②在教学内容上，要依据教材、学情，开发出合适的创新思维训练点；③在教学过程中，注重创新思维方法的训练，努力建设"创新思维型"语文课堂；④在创新思维训练的目的和效果上，要突出创新思维训练的学科专业性。

三、英语教学中的创新思维训练

《英语课程标准》（2017 年版）指出，英语课程的具体目标是培养学生的学科核心素养，包括语言能力、学习能力、文化意识和思维品质。因此，小学英语课程是一门具有双重属性的语言学科。根据新课标的规定，英语作为基础文化课程的学科，其教育的宗旨是培养能思、能感、能够用英语进行交际的人。英语课程肩负着培养学生学科核心素养的任务，英语教育要培养能够解决世纪问题的创新型人才。英语不仅是交流的工具，也是思维的工具。英语创新教学需要教师在教学目标、资源、内容、方法、方式、手段等方面做出新的选择或进行新的尝试。小学英语教师要把学习英语转变为通过英语来学习，要聚焦语言、关注内容、培养思维、创造思维，把世界带入课堂，让课堂与生活相连，帮助学生们更好地融入未来社会，在满足个人自我实现的同时推动社会的发展。

小学英语教学中创新思维训练的方法和策略主要有：①培养小学生发散性思维和聚合性思维，为创新思维的培养打基础，在小学英语教学中，教师可以借助思维导图、词汇云等工具和手段来培养学生的发散思维能力和创新思维能力；②设置情境，训练思维的创新性；③立足高阶思维问题，培养思维的创新性；④鼓励学生想象，提升创造性思维；⑤移情文化内涵，发展独创新思维；⑥读后续说、续写，对学生进行创新思维训练；⑦基于项目式教学，培养学生的创新思维能力；⑧通过情景剧、角色扮演等培养学生的创新思维能力。

四、数学教学中的创新思维训练

数学是研究数量关系和空间形式的一门科学。数学教学的重要工作就是发展和创新学生的数学抽象运算、逻辑分析等思维能力。创新与创造力是学生发展核心素养的重要指标，该指标在现行的数学课程标准中出现的频率高达 10 次以上。如何在中小学数学课堂培养学生的创新精神和创造能力是教学的基本要求。教师在数学教学中要创造性地培养学生的独立思考和解决数学问题，以及善于通过数学知识进行探索的创新精神。数学课程教学中的创新思维训练有以下几个方法和策略：①数学课程教学设计应注重贯彻以培养学生创新思维能力为目的的教学理念；②关注数学教学中教学对象的年龄和教育心理；③在数学建模教学中培养学生的创新思维能力。

【参考文献】

[1] 张敏.思维与智慧[M].北京：机械工业出版社，2003.

[2] 中华人民共和国国务院.国家中长期科学和技术发展规划纲要（2006—2020）[DB/OL].[2020-9-2].http://www.scio.gov.ch/32344/32345/35889/36946/xg2c369552/document/155892/1558921.htm.

[3] 林崇德，杨治良，黄希庭.心理学大辞典（上）[M].上海：上海教育出版社，2003.

[4] 王焕镳.墨子校释[M].杭州：浙江文艺出版社，1984.

[5] 曹国正.博弈圣经—博弈哲学思想录[M].新加坡：新加坡希望出版社，2007.

[6] 百度百科.智慧[EB/OL].[2020-9-2].https://baike.baidu.com/item/%E6%99%BA%E6%85%A7/129438?fr=aladdin.

[7] 邵琪.智慧教育史论[D].杭州：浙江大学，2019.

[8] 邵琪.智慧教育史论[D].杭州：浙江大学，2019.

[9] ERIKSON E H. Identity and life cycle[M]. New York: International University Press, 1959.

[10] 汪凤炎，郑红.品德与才智一体：智慧的本质与范畴[J].南京社会科学，2015（3）：127-133.

[11] 侯炜.智慧的内隐理论研究：以大学生为例[M].北京：中国书籍出版社，2012.

[12] 乔凤合，陈立强.美国的创新教育[J].基础教育参考，2005（1）：14-17.

[13] 林崇德，胡卫平.思维型课堂教学的理论与实践[J].北京师范大学学报（社会科学版），2010（1）：29-36.

[14] 王云心.斯佩里与脑——精神相互作用论[J].天津师范大学学报(社会科学版)，1991（6）：29-32，56.

[15] 何旭明.西方关于兴趣的界定与分类研究述评[J].大学教育科学，2010（4）：49-55.

[16] Fadel C, Trilling B. 21st Century Skills: Learning for Life in Our Times[M]. San Francisco: Jossey-Bass, 2009.

[17] 杜威.我们怎样思维·经验与教育[M].姜文闵，译.北京：人民教育出版社，2005.

[18] 姚本先.论学生问题意识的培养[J].教育研究，1995（10）：40-43.

[19] 陶行知.陶行知全集（第四卷）[M].长沙：湖南教育出版社，1985.

[20] 王长江.初中物理"思维型"课堂教学及其对学生创新素质的影响研究[D].西安：陕西师范大学，2015.

[21] 黄崴.教师教育专业化与教师教育课程改革[J].课程·教材·教法，2020（1）：64-67.

[22] 叶澜.教师角色与教师发展新探[M].北京：教育科学出版社，2001.

第二章　教师创新思维中的教育技术

【引言】

当今世界需要具有创新意识、创新精神和创新能力的人才。教育要创新，民族要发展，社会要进步，这些都离不开具有创新思维、创新意识的人。为了培养学生的创新思维能力，教师在优化课堂教学的设计时，在继承传统媒体中的合理成分的基础上，要充分运用现代教育技术的成果，将各种多媒体素材科学组合，形成媒体组合的教学系统，以直观而鲜明的图像，激发和引起学生的兴趣的注意，提高学生的学习效率，为学生的创新思维提供了丰富的表象，而且促进了学生对信息的接收、理解和记忆。

【本章要点】

● 技术支持的学习投入与创新思维
● 创客教育中学生创新能力的评价研究
● 教师设计思维与创新能力培养
● 面向创新思维培养的差异化教学
● STEM 教育中的创新思维培养

第一节 技术支持的学习投入与创新思维

一、学习投入

学习投入对学生来说是既珍贵又有价值的。学习投入是学生置身于学习活动中的动态过程，学生在投入中理解学习材料，参与学习活动，通过投入搭建课堂对话和课堂互动。投入是学习的直接方式，这也就是说，一旦投入发生，就会产生一定的学习结果。投入为学生提供干劲和智谋用来应对学业任务的挑战，是学业进步的关键。

有效的学习投入促进深层次学习。有效的投入能够让学生更好地理解学习内容，获得高水平的学习结果。例如，提问是学生投入课堂学习的一种表现，当学生在课堂中提问不理解的问题时，一方面可以帮助学生辨别自己不理解的问题是哪一个环节，理清问题的解决步骤，另一个方面，学生获得教师的及时反馈，有助于学生建构自己对知识的理解。

学习投入是可塑的，投入的程度与外部环境紧密相关。一方面，投入的行为、认知、情感三个维度相互影响。例如，当学生的行为投入加强时，会引发深层次的认知投入。另一方面，教师支持、教学策略、教学设计、同伴支持均影响学生的学习投入。例如，在学习过程中，良好的教师策略能促进学生主动地投入学习中，进而提高成绩。

二、技术支持的学习投入对创造性思维的影响

学习投入的质量同时依赖于教师和学生的贡献。学生是学习投入的承载体，教师是发起活动促进学生投入的关键要素。教师在促进学生的学习投入过程中具有很重要的作用，但是教师本人却不能产生学生的学习投入。教学对话质量是学生投入的一个指标。教师通过教学行为、教学对话、教学活动帮助学生逐渐理解深层次的概念，从而培养高阶思维能力。学生是使用浅层策略还是深层策略取决于教师的教学方式。在课堂教学过程中，教师交叉使用不同的策略，例如讲授、提问、讨论等，能够促进学生主动学习和投入。教师给予学生积极响应、自由选择的机会，有助于产生高质量的学习投入。

根据 Ausubel 的认知理论，学习新的知识和技能依赖于已知的内容，通过

激发学生已有的知识，消除不相关的知识和错误的知识。提问是教师最经常用的方法，促使学生回忆和使用他们已经知道的内容。

有效的提问和提问的内容是关键。教师的提问影响学生的认知投入程度，有效的提问促进认知投入。教师提问的问题有四种类型：①认知记忆问题；②具有指向性、定向思维的问题；③发散思维的问题；④评估性问题。Chin（2007）对比了传统教学和建构主义教学的教学提问：①提问的目的是评价学生还是鼓励学生思考。②提问顺序的结构：一种是教师发起→学生回应→教师评价（IRE）；另一种是教师发起→学生反应→教师反馈（IRF）。IRF是一种良性的、有益学生深入理解问题的方式。③问题属于低层次、封闭式的，还是高层次、开放式的。低层次问题是要求学生回答记住的名称、定义，回忆简单的观察、是/否的问题、给出简单的例子。高层次问题是要求学生回答复杂的问题，例如，解释、对比、预测、评价、反思、给出解决问题的建议。

学习者需要指导、支持、练习和反馈。教师提供意见和清晰的反馈，会提高学生数学的高层次思维。当一节课程中融入了多个目标（goals）、提供大量的意见，教师在监控学习过程中根据学生不断变化的需要提供支持，学生会对课堂感兴趣，学生投入的较多。当教师给予学生更高的期望，提供良好结构的课程和活动会促进自我调节。

教师在课堂上调整整个课堂，强调课程的关键点、解释答案、指出错误的原因、为学生提供指导，加快学习的进展。给学生及时的、经常的、有目的、有建设性的反馈有助于提高学习投入。无论表扬正确的答案，还是纠正错误的答案，都是教师在评价学生的答案，公开评论学生的错误答案，可能会影响一部分学生的投入。教师的反馈不是评价，不是判断答案的对错，而是接受学生的贡献。如果教师不立刻判断，让学生来评价，会让学生更深入的理解，因为学生在进行评价时，不仅仅是模仿，而是要在掌握概念和应用的基础之上才能做出评价。

虽然教师通过教学设计和教学策略来促进学生投入，但学生才是投入的主体。学生的认知技能和学习技能是不断积累的。因此，为了学生实现有效的投入，教师应该在连接教学和学生的活动中，为认知投入提供干预，教授学生学会应用元认知策略和认知策略。教师提供认知和元认知方面的激励对学生有帮助。

教师讲授学生使用元认知和认知策略：在教学中融入自我监控的程序，支持学生的自我管理技能，建立一致的课堂规则和结构，让学生设定自己学习目标、完成家庭作业，有效地促进学生的学习。其中，一致的课堂规则和结构，不需要教师在每次上课时都介绍一遍，既节省了课堂时间，同时也让学生知道下一步应该做什么。自我管理是在学习过程中学生自我导向的学习行为，增加了学生的自主性。课堂中有效的管理，例如，积极的策略、最大化的学习时间、有效的使用技术，可以鼓励学生主动投入。

同伴为学生提供学业支持，例如，进一步说明教师的指示、提供信息、比较学习任务，能够提高学生的动机和投入。同伴互动有助于课堂知识的建构，虽然同伴不能像教师一样提供有结构的知识点，但是同伴提供连接上下节点的支持。同伴的互动（例如，解释教师的教学、分享数据）帮助学生补充知识结构，但是它取决于教师是否提供相应的支持。在同伴互动过程中，学生练习交流技能、给予和接受反馈、解释困惑、提供帮助、分享学习目标和行为标准。

第二节　创客教育中学生创新能力的评价研究

一、研究背景

基于技术发展日新月异的现实和创造性人才培养的需求，以学生创新意识与创造思维培养为导向的创客教育得到了广泛应用。教育部《关于加强和改进中小学实验教学的意见》提出要通过创客教育提升学生的观察能力、动手实践能力、创造性思维能力和团队合作能力，培育学生的创新精神、科学素养和意志品质 [1]。《教育信息化 2.0 行动计划》也提出要加快建设创新实验室、创客空间等智能学习空间，完善实验教学与创客教育的教学体系，推动新技术支持下教育的模式变革 [2]。由此可见，创客教育作为信息技术与教育教学相融合的一种新型教育模式，能够为培养创新型人才提供支撑。在基础教育领域，中小学将创客教育引入课程体系，通过基于项目的学习让学生将兴趣化为现实，科学造物，鼓励分享，以提高学生的问题解决能力和协作能力。但是在评价的过程中，教师往往只对学生的最终产品进行评价，忽略了对学生创新能力的评价，导致学生在创客教学活动中向"示范品"模仿与呈现倾斜；同时由于课堂时间不足，学生的思考与交流时间变少，创新能力受限。因此，为了提高学生的创新意识、打破固有的思维定式，学校亟需重构创客教育课堂，建立以学生创新能力评价为核心的创客教育评价体系，提高学生利用工具创造产品以解决实际问题的能力。

二、基于 CAT 的创客教育作品评价

同感评估技术（Consensus Assessment Technique）是 Amabile 于 1982 年提出的评价创造力的一种方法，评价的主要依据是评价者对创造力的内隐标准，即某个领域内专家们对于一个作品评价的一致性 [3]。R.J.Sternberg 在 20世纪 80 年代提出，无论是专家还是外行，人们对创造力是有共识的，即人们具有共同的内在评价标准，他称之为创造力的内隐理论。同感评估技术正是以创造力内隐理论为基础，让评价者根据自己的理解，对产品或反应的创造性做出独立的评价 [4]，在评价的过程中，评价者必须熟悉评价的领域，在浏览过所有需要评价的作品之后，再根据作品的相对水平对创造性高低做出评价，整个过程以随机顺序进行。

CAT 技术适合评价具有新颖性和开放性的作品，不需要明确的标准答案，能够用于评价与问题解决等有关的作品 [5]，从而进行创造性的测量，这与创客作品的评价要求不谋而合。因此，CAT 技术能够支持评价学生在创客制作的过程中创造力表现。

根据创造力内隐理论，本研究假设每个学生都是评价者，能够对创客产品的功能、特征做出评价，找出产品的不足之处，并以此为出发点，提出改造产品的思路，以目标为导向，开展基于项目的学习。因此，本研究设计了以"创设情境、展示成品—创意交流、开展评价—方案重构、协作探究—作品展示、二次评价"为主线的教学流程，结合两轮评价开展基于问题的探究学习，从功能角度出发，让每个学生都成为"产品经理"。

（一）坚持以问题解决为核心

创客教学往往采取基于项目的学习方式，在教学的过程中问题解决是牵引学生从方案设计到项目完成制作的关键。教师需要引导学生分解目标，规划解决方案，明确问题解决的过程，设置与学生认知过程冲突的"问题"，为学生的创造力思维培养奠定基础。

（二）展示成品重构制作思路

为了激发学生的创造思维，教师从成品出发，设立目标导向，设计学前评价环节，帮助学生建立完善作品的思路，鼓励学生从不同角度出发设计改造方案，制定解决步骤。在这个过程中，教师需要为学生的改造方案提供工具支持，分阶段地细化任务，引导学生主动发现问题、分析问题、形成解决问题的思路。

（三）分工协作完善设计方案

在探究阶段，为了帮助学生完成方案的再造设计，教师可以提供跨学科的方法和工具，鼓励学生积极试错，并将试错结果分享给其他学生，不断修正学生的观点，引发更深入的思考，促进学生辩证思维的成长。

（四）两轮评价助力创造思维培养

一轮评价完成后，教师组织学生进行产品交流，总结产品的不足之处，引导学生从产品功能改善的角度出发，重新设计改造思路，开展探究活动。在功能展示的过程中，教师组织第二次评价，培养学生的创造思维与创新精神。

在探究实践的过程中，为了培养学生的创造力，教师不限制作品的类别，鼓励学生积极参与制作航天器、小车、轮船、手枪等，并提供工具支持组装。教师先向学生展示各种动力装置，邀请学生进行示范，组织第一轮评价活动，再为学生创设探究情景，鼓励学生进行创意交流，提出不同的改造方案。最后，教师组织学生进行展示，开展第二次评价，并设置"最优展示""最佳创意""最强装置"等多个奖项，提高学生的积极性，从多个方面启发学生的创新思维。

第三节　教师设计思维与创新能力培养

一、设计思维内涵

设计思维尚未形成统一的概念。在商业领域，Beckman 将设计思维分为四个阶段：观察分析、建立框架、构建方案以及问题解决[6]。Tobergte 等人认为设计思维过程包含五种活动：组织思路、动手制作、展示分享、评估评价以及反思[7]。在教育领域，Doorley 则将设计思维划分为五个环节：建立同理心（Empathize）、界定问题（Define）、设想（Ideate）、原型制作（Prototype）以及测试（Test）[8]。为推动设计思维在 K-12 领域应用，IDEO 提出了包含"发现、解释、设想、实验、改进"的设计思维模型。分析发现，设计思维是创造性解决问题的过程，包括发现问题、观察分析、可视化 / 意义建构、设想、原型制作和测试以及可行性测试[9]。这是一个迭代的过程，设计者深入实践了解真实的需求，确定需要解决的核心问题，以此为出发点建构可行的解决方案，制作三维模型并通过实验不断改进和完善。[10]

（一）斯坦福设计思维模型

斯坦福大学设计学院在《设计思维指南》（*An Introduction to Design Thinking Process Guide*）中对设计思维模型进行了详细的阐述，包括移情化思考、定义、设想、原型制作以及测试五个步骤。设计思维模型在 K-12 领域应用过程中，逐步扩展为六个步骤[11]，如图 2-1 所示。第一是理解挑战（Understand）。学生沉浸于学习挑战之中，通过与专家交流、运用多媒体工具获取相关信息、进行探究，形成关于设计挑战的基本背景知识，并设身处地地思考他人面对挑战问题时的感受，以此作为进一步明确设计挑战的跳板。第二是观察（Observe）。学习者进入设计挑战所处的真实环境中进行参观、互动与反思，形成基于该情境下的同理心（Empathy），为解决设计挑战打下基础。第三步整合观点（Point of View）。在理解和观察的基础上，学习者对所获取的信息等进行整合（Synthesise）。第四步是设想（Ideation）。学生通过头脑风暴发表自己的观点、评价他人观点，形成应对挑战的可能方案。第五步是原型制作（Prototyping）。依据解决方案，通过原型制作将观点、想法可视化，制作出三维的实物原型。原型不必非常精确，其核心在于体现设计的思路以及对学习挑战的解决方案。第六步是测试（Testing）。测试目的在于明确观点、原型的优势与不足，并不断地迭代改进。

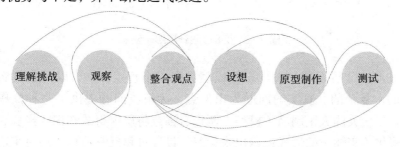

图 2-1　斯坦福设计思维模型

（二）IDEO 设计思维模型

全球顶尖设计公司 IDEO 在《教育者的设计思维》（*Design Thinking for Educators*）一书中描述了 IDEO 设计思维模型，如图 2-2 所示。IDEO 设计思维模型，旨在实现教与学向学习为中心和个性化方向发展，为学生创造一种 21 世纪学习经历（21st century Learning experience），并不断提升学生 21 世纪技能。

IDEO 模型包含五个阶段。第一阶段是发现（Discovery）。发现是通过一定的技术手段和方法深入了解所面对的学习挑战。发现阶段通常包括三步：理解挑战、探索准备以及收集想法。第二阶段是解释（Interpretation），将所收集的信息建构为自己解决挑战的知识或方向，包括故事分享、意义寻找以及框架设计。第三阶段是观点设想（Ideation）。依据对挑战相关信息的解释，学习者采用快速想象的方法，收集新奇的观点和想法，为应对挑战提供可能的解决方案。步骤包括观点收集、观点优化两个方面。第四阶段是实验（Experimentation）。确定了问题解决方案，如何实践方案是本阶段所需要思考的问题。本阶段包括制作原型以及获取反馈。第五阶段是改进（Evolution）。改进是基于前四个阶段学习的信息，并在此基础上不断地完善每一学习阶段。

1 发现	**2** 解释	**3** 设想	**4** 实验	**5** 改进
我面临一个挑战 我该如何了解它？	我了解了相关信息 我该如何解释它？	我找到了解决机会 我该如何做？	我有了解决方法 我该如何实现？	我尝试了新的东西 我该如何改进？
步骤				
1-1 理解挑战	2-1 故事分享	3-1 观点收集	4-1 制作原型	5-1 反思学习
1-2 探索准备	2-2 意义寻找	3-2 观点优化	4-2 获取反馈	5-2 继续前进
1-3 收集想法	2-3 框架设计			

图 2-2　IDEO 设计思维模型

通过上述分析发现，设计思维模型具有以下特点：一、以解决真实情境中劣构的、复杂的、真实的问题为出发点，为解决问题提供了一种操作流程或方法；二、关注人工制品（模型）制作，强调将所获得的知识、经验、信息通过可视化（实物）的形式展示出来；三、设计过程反复迭代，通过多次的反馈、修正不断完善人工制品，实现知识反复应用和强化；四、倡导小组间的合作、多次的公开分享、多种技术工具的应用；五、有利于学习者的高级思维能力发展，包括协作能力、问题解决能力、创造创新能力等。基于上述特点，设计思维在教育领域得到广泛应用。

二、设计思维在教育教学中的应用

（一）设计思维创新学习空间

变革传统学习空间，增加学生日益多样的学习方式对学习空间环境的需求，从而帮助个体和群体找到更适合自身的学习方式正成为学习空间转变的重要方向。传统讲座式的学习空间显然已不能有效支撑当前多样化的学习方式，重新设计学习空间成为一种必然。运用设计思维重新设计学习空间在全世界范围内得到广泛应用，主要包括三类学习空间：个性化的学习空间，能支持不同学习需求和认知特点的学习者进行自定步调、自定进度、自主选择式的学习；互动学习空间，强调思维、观点碰撞和交流，学习者在学习空间中可以开展讨论、辩论、合作、竞赛等形式的学习；实践学习空间，侧重动手开发与制作能力发展，学生借助实践学习空间工具、材料、软件等，将问题解决方案、想法实物化，实现在做中学的目标。

（二）设计思维创新课堂教学

设计思维在推动课堂教学方面同样大有可为。学生运用设计思维实现从内容学习到基于学习挑战的导向式学习。传统单一学科、固定学段知识学习已经不能满足当前学习者应对复杂问题所需知识与技能的需求，应用设计思维破除学科、学段之间的界限，通过设计复杂的设计挑战实现跨学科、跨学段知识有效融合，学习者在解决学习挑战的过程中建构自身对知识的理解；在课程形式方面，设计思维强调设计挑战者深入问题所在的情境，与情境中的人、环境、物进行深入的互动，形成该情境下的"同理心"，进而解决问题挑战。因而，在课程形式方面，改变传统课程学习形式，即脱离真实情境的"讲座式"学习，代之以深入情境的互动式学习；在学习活动方面，设计是实现设计思维的重要活动，是一种创造性的、迭代的、以实物为导向的实践活动。在教学中以设计为驱动，将有助于促进学习者深入理解所学知识，将知识与实践应用建立有效的联系，实现学生问题解决能力、创造性思维发展。

（三）设计思维创新学校教育

从学校层面来看，设计思维有助于改变当前的学校教育。第一，创新人才培养。设计思维具有"以人为本"的特点，强调应用深度"移情"觉察人的需求和动机。在学校教育方面，应用设计思维从学生的层面进行"移情"思考，关注学生的学习需求，理解不同学习者的差异，认识不同学生的认知特点，并依据这一思考为学习者提供具有针对性的引导和教育，促进学生个性化的发展，培养面向 21 世纪的人才。第二，设计思维具有协同特性，关注整合系统中的各个要素，共同解决所面临的问题。教育涉及包括社会、家庭、学校、教师、学生等多个方面，运用设计思维将上述各要素进行有效整合、协调，发挥各自在教育中的功能，将有助于推进学校教育发展。第三，助力问题解决。设计思维从实践中来，到实践中去，强调运用科学的方法发现诊断教育中存在的问题，并通过发现、设想、建模、实验等一系列的程序，创造性地解决学校教育中存在的问题。

第四节　面向创新思维培养的差异化教学

一、差异化教学缘起

在人类历史长河中，差异化教学的美好设想最早可以回溯到孔子的教学思想。孔子具有因材施教、有教无类的教学思想，把差异化教学作为目标和理想。但是长期以来，在传统的课堂教学中，由于客观条件的限制，绝大多数教师的教学往往都是针对班级中大多数学生的，差异化教学只是理想和目标，基本难以实现，至少是难以实现真正的差异化教学。社会倡导和渴望差异化教学，其目的、诉求与期望，是为了让每一位孩子都能得到发展，苏联维列鲁学派的维果斯基所提出的最近发展区（Zone of Proximal Development）让差异化教学有了心理学基础，让每一位学生在其最近发展区内学习，才能够更好地促进学生的全面发展。

二、创新思维与差异化教学

"创造"（Create）的概念早在前基督期旧约全书的圣经故事中就已出现，自此有了人类工匠遵从上帝意愿在世上造物的理念。这是人们意识到创造力存在的起点，但同时也让这一概念在发展初期就被赋予了超自然神秘主义的色彩，成为后续研究的障碍。直到19世纪中期，哲学家高尔顿才将这一障碍成功破除。高尔顿所理解的创造力更多的是出于遗传的角度，认为创造来源于潜能和天赋，这成为后续创造性人格研究发展的前奏，也凸显了创造性思维的先天属性。后续有关创新思维的理论研究表明创新思维并不是一种简单的天赋，而是可以通过后天培养的思维方式。创新思维有着较长的研究和发展历史，目前已形成了多种流派（如吉尔福特和托兰斯的心理测量流派、斯滕伯格的创造性投资流派、弗洛伊德的精神分析流派、索耶的认知神经科学流派、阿玛贝尔的情境流派等），也积累了一些训练与培养的方法（如六顶思考帽、头脑风暴、强制联想、思维导图等）。[12]

通过上述的调研我们不难发现，目前已经有大量的研究表明创新思维存在着个体差异，但是笔者发现这些研究大多数集中在心理学领域，是对人类创新思维存在的个体差异状况进行研究讨论。从创新思维培养的角度来看，教育学领域中差异化教学关注的个体差异重点在学术历史（Academic History）、步调（Pace）、水平（Level）和学习兴趣等，研究者对创新思维培养过程中的创新思维个体差异关注极少。根据创新思维定义来看，创造性思维是一种可产生出新颖、独特、有社会意义或个人价值的产品的智力品质。[13] 不难看出，创新思维正是学生灵感闪现时最独特的一朵火花。尊重学习者每一个独特的个体差异以及想法，恰恰是培养创新思维的最基本要求。

目前已经有大量实证研究证实学习者在创新思维存在差异，学者白学军、姚海娟的研究通过 Stroop 颜色命名任务和 Stroop 字义—颜色命名转换任务对创造性思维的适应性认知抑制假说进行验证，研究结果表明高创者比低创者的认知抑制能力更高。[14]

从青少年科学创造力出发，学者胡卫平、林崇德对中英青少年进行了对比研究，结果表明：中英青少年科学创造力存在差异。英国青少年的科学创造力存在明显的性别差异，从创造力的各成分来看，男女生具有不一样的特点。[15]

学者沃建中、王福兴等的研究对 990 名不同学业成就中学生的创造性思维进行研究，研究结果表明高学业成就组中学生的创造性思维、发散性思维和聚合思维显著高于低学业成就组。[16]

在前人的研究基础之上笔者认为，面向创新思维培养的差异化教学活动应当在差异化教学活动基础之上增加考虑学习者在创新思维层面上的个体差异，例如学生的创新人格差异。学者威廉斯从创新人格倾向开发了一个测试，该测试包含好奇心、想象力、挑战性和冒险性四个维度。在面向创新思维培养的差异化教学活动设计中，教师就可以参考该测试的测试结果，对学习者的好奇心、想象力、挑战性和冒险性四个维度进行差异化分组。学习小组应该遵循组间同质，组内异质的分组标准。小组内的学习者应当按照上述四个维度和创新思维人格倾向差异进行角色分配，承担不同角色任务，各有侧重地协作完成小组任务。面向创新思维培养的差异化教学活动设计与普通教学活动设计还有一个比较大的区别就是迭代，创新思维培养活动应该是可迭代的。由于创新思维产物是需要在迭代中不断更新的，学习者在这个过程中可以承担、模仿和学习不同角色的特点，改进思维路径，完善与培养思维。

第五节 STEM 教育中的创新思维培养

一、STEM 教育中创新思维培养的核心

（一）创新思维的核心要素

创新思维是由发散思维、逻辑思维、形象思维、直觉思维、辩证思维、横纵思维六个要素组成。发散思维的培养要点是同中求异、正向求反、多向辐射。逻辑思维的培养要点是重视分析综合、抽象概括、判断推理能力的培养。形象思维的培养要点是仔细观察、积极表象、启发联想、大胆想象，厘清联想和想象之间、再造想象和创造想象之间的联系与区别。辩证思维培养的要点是重视调查研究、实事求是、对立统一观点的养成，关注"二分法"在日常生活中、学习中、工作上的运用。直觉思维的培养要点是总揽全局、鼓励猜测、紧抓事物之间的关系。横纵思维与科学发现、技术发明有更直接的关系，是为高难度复杂问题的解决直接提供心理加工策略，如促进灵感或顿悟的形成，此思维属于高阶思维，在中小学生创新思维训练中不做探讨。[17]

（二）STEM 教育中创新思维培养的途径

在 STEM 教育活动的设计和实施过程中要融入创新思维培养的要素，设计促进学生创新思维发展的活动。

发散思维的培养可以通过设计开放性的探究主题或者问题，通过实际的情景，围绕真实的、有意义的问题，引导学生思考和探讨，鼓励学生发散思考，在实践中大胆尝试、大胆试错。学生可以采用自我思考、头脑风暴、查阅资料、访谈等形式寻找答案，在探究中发现更多的问题，同时找到解决方法。逻辑思维的培养可以设计一些逻辑推理活动，让学生在迭代推理的过程中构建知识，发现规律，或者为学生提供脚手架，让学生设计一套完整的实施方案，通过学生设计的方案考察学生的逻辑思维、逻辑能力。形象思维的培养可以在具体教学活动中，即教师引导学生仔细观察、大胆想象，激发学生的创新意识，充分给予学生研讨、设计、工程实践、再设计、交流与展示等活动空间，通过故事性、微型电影等情景激发学生学习的想象力，让学生发挥主体意识和能力。辩证思维的培养可以在活动中引导学生用"二分法"进行思考。直觉思

维的培养可以让学生设计一个完整的方案，且需要从宏观上进行综合考虑的任务；也可遵循"引入—探究—解释—拓展—评估"5E 教学模式，让学生在试错纠错的过程中不断发现问题，解决问题，再发现问题和解决问题，达成在发现问题和解决问题之间的深入探究。

二、STEM 教育中创新思维评价

（一）STEM 教育中创新思维评价方式

在 STEM 教育活动中教师应该采用过程性评价和终结性评价相结合的方式对学生的创新思维进行评价，且创新思维的评价需贯穿在 STEM 教育的整个过程。在 STEM 教育实施前教师可以对学生初始的创新思维水平进行初步的诊断评价，了解学生的起点水平，并为学习活动的设计提供参考。在 STEM 教育实施过程中，教师要制作创新思维测量量表，借助量表对学生在探究过程中显现出来的创新思维进行测评，并以测评结果为依托，改进 STEM 教育活动。在实施过程中教师应该注重对学生学习过程性资料和形成的阶段性成果进行收集，如创作的作品、制作的汇报文档、海报等，也要注重对学生探究过程的观察与记录，且 STEM 教育活动结束后教师要为学生提供一个终结性评价结果，为学生开展下一段学习提供参考和导向。

（二）STEM 教育中创新思维评价内容

有学者认为思维的创造性应包含以下几方面内容：①新颖、独特且有意义的思维活动；②思维加想象；③在智力创造性或创造性思维中，新形象和新假设的产生带有灵感；④分析思维和直觉思维的统一；⑤发散思维与辐合思维的统一，一题一解和一题多解相结合 [18]。

因此，在 STEM 教育中创新思维的测量可从独特性、灵活性、深刻性等方面进行评价。创新思维的独特性的评价，即评价是否"人无我有"，可以对学生在 STEM 教育中形成的发现、解决问题的方法、创作的作品等进行评价，评价其在思考的维度、形成的成果等方面是否具备独特性。创新思维的灵活性可以评价学生在 STEM 教育活动中是否能够做到一题多解，灵活变通。创新思维的深刻性可以评价学生的学习过程和产出是否能够做到言之有物，言必有理。

【参考文献】

[1] 中华人民共和国教育部.教育部关于加强和改进中小学实验教学的意见[EB/OL].[2019-11-22]. http://www.moe.gov.cn/srcsite/A06/s3321/201911/t20191128_409958.html.

[2] 中华人民共和国教育部.教育部关于印发《教育信息化2.0行动计划》的通知[EB/OL].[2018-04-18]. http://www.moe.gov.cn/srcsite/A16/s3342/201804/t20180425_334188.htmlA16/s3342/201606/t20160622_269367.html.

[3] Amabile T M. Creativity in context: Update to the social psychology of creativity[M]. Boulder, GO: Westview, 1996.

[4] Runco M A, Bahleda M D. Implicit theories of artistic, scientific, and everyday creativity[J]. Journal of creative behavior, 1986（20）：93-98.

[5] 宋晓辉，施建农.创造力测量手段——同感评估技术(CAT)简介[J].心理科学进展，2005(6): 37-42.

[6] Beckman S L, Barry M. Innovation as a Learning Process: Embedding Design Thinking[J]. California Management Review, 2007, 50(1): 25-56.

[7] Tobergte D R, Curtis S. How Designers Think-The Design Process Demystified[J]. Journal of Chemical Information and Modeling, 2013, 53: 1689-1699

[8] Bootcamp Bootleg. Hasso Plattner Institute of Design at Stanford University[EB/OL][2017-05-05].http://dschool. stanford.edu/ wp-content/ uploads/ 2011/03/ BootcampBootleg2010v2SLIM.

[9] Glen R, Suciu C, Baughn C C, et al. Teaching design thinking in business schools[J]. International Journal of Management Education, 2015, 13(2): 182-192.

[10] Seidel V P, Fixson S K. Adopting Design Thinking in Novice Multidisciplinary Teams: The Application and Limits of Design Methods and Reflexive Practices[J]. Journal of Product Innovation Management, 2013, 30: 19-33.

[11] Carroll M, Goldman S, Britos L, et al. Destination, Imagination and the Fires Within: Design Thinking in a Middle School Classroom[J].

International Journal of Art & Design Education, 2010, 29(1)：37-53.

[12] 詹泽慧, 梅虎, 麦子号, 等.创造性思维与创新思维：内涵辨析、联动与展望[J].
现代远程教育研究, 2019(2)：40-49, 66.

[13] 林崇德.增强适应能力,争做创造性人才——为北师大心理学院新同学的演讲
[J].心理与行为研究, 2015, 13(05)：577-584.

[14] 白学军, 姚海娟.高低创造性思维水平者的认知抑制能力：行为和生理的证据
[J].心理学报, 2018(11)：1197-1211.

[15] 胡卫平, Philip Adey, 申继亮, 等.中英青少年科学创造力发展的比较（英文）
[J].心理学报, 2004(6)：718-731.

[16] 沃建中, 王福兴, 林崇德, 等.不同学业成就中学生创造性思维的差异研究[J].
心理发展与教育, 2007(2)：29-35.

[17] 何克抗.论创客教育与创新教育[J].教育研究, 2016(4)：12-24, 40.

[18] 林崇德.核心素养时代, 培养创造性的突破口在哪里？[EB/OL].[2020-11-3].
https://mp.weixin.qq.com/s/lIXCi2N1nf8k97157TKR4A.

第三章　教师创新思维中的认知与脑科学

【引言】

2014年6月8日至12日，中国科学院自动化研究所脑网络组研究中心在德国汉堡举办的第二十届国际脑图谱大会上，推出了首版"脑网络组图谱"。此图谱是由脑网络组研究中心蒋田仔团队联合国内外其他团队绘制而成的，包括246个精细脑区亚区，以及脑区亚区间的多模态连接模式，第一次建立了宏观尺度上的活体全脑连接图谱。脑图谱可以明确脑功能基本单元的划分及其连接模式，从多尺度揭示脑信息处理机制，为全面理解人类大脑、揭示人脑和智力的本质助力，为新型智能信息处理系统的设计提供启示，是脑科学、认知科学、认知心理学等相关学科取得突破的关键。

【本章要点】

- 创造力的认知神经科学基础
- 创造性人格特点
- 教师创造性教学行为与创新课堂氛围的构建
- 教师创新思维中的认知与情绪调控

第一节　创造力的认知神经科学基础

创造力研究对于社会进步和个人发展均具有重要意义，逐渐成为心理学研究中的一个重要领域。随着认知神经科学的兴起，研究者开展了丰富的创造力研究，深化了人们对创造力的理解，但依然面临挑战。

早在古希腊时期，人们就开始对"天才"现象进行关注，但比较公认的对创造力开始科学化研究，则是从 1950 年美国心理学主席 Guilford 的就职演说开始。此后的 60 年间，研究者通过心理测量法、行为实验法、传记法和跨文化比较研究方法对创造力有了基本认识。直到 20 世纪 70 年代后期，对创造力的研究才出现新的突破，其中最引人注目的是认知神经科学关于创造力的研究。Miller 和 Gazzaniga 首先提出认知神经科学的学科概念，并推动整个学科主要利用诸如功能性核磁共振（fMRI）、正电子发射断层扫描（PET）和事件相关电位（ERP）等心理物理学及脑成像技术对心理过程进行研究，通过揭示心理过程的大脑机制，来验证、修改和发展已有的理论和模型，对创造力的本质及其分类进行了深入分析。

一、关于创造力个体差异的研究

1985 年，Diamond 及其同事对爱因斯坦大脑的左右布罗德曼第 9 区（Brodman's area9. 简称 BA9 区）和布罗德曼第 39 区（简称 BA39 区）进行了研究，这一研究推动了认知神经科学研究者从大脑结构、大脑皮层唤醒水平和神经效能三个方面做了积极的探索。

（一）大脑结构与创造力个体差异

受到研究手段的限制，早期研究者不能对正常人大脑进行直接的精确测量。随着现代认知神经科学技术的发展，研究者可以对正常被试大脑结构进行非侵入性的精确测量，使探索大脑结构与创造力关系的研究成为可能。

2009 年，美国新墨西哥大学的研究者 Jung 及关同事利用核磁共振技术，在世界上第一次对大脑皮层灰质厚度与创造力成绩之间的关系进行了研究。结果发现，左额叶、舌回、楔叶、角回、顶下小叶和梭状回等脑区的皮层厚度与创造力成绩之间呈负性相关。在一项大脑皮层厚度的发展研究中，Shaw 与其同事对不同智力水平被试大脑皮层厚度的变化轨迹进行了追踪考察，研究发现三种层次智力水平（智力超群组、高智商组和一般智商组）的被试者在青少年后期，大脑皮层厚度都开始变薄，其中智力超群组皮层厚度变薄的速率更快。Durston 等学者认为，这种皮层厚度的变薄伴随着大脑可塑性的下降和活动效能的增加，可能反映了技能获得过程中更聚焦的功能激活。这些研究发现说明，包括创造能力在内的认知能力的发展可能与大脑部分脑区的皮层厚度变化有关。基于这些研究，Jung 认为，新颖的、独创性想法的产生与部分脑区较薄的大脑灰质皮层相联系。

多数创造力活动是大脑左右半球共同参与的结果，Chavez 等学者利用核磁共振弥散张量成像技术对 51 名正常被试的胼胝体与创造力得分之间的关系进行了分析，结果发现，胼胝体前部中间体的体积与平均弥散率能够预测创造力得分。这个结果说明，胼胝体本身结构可能对大脑左右半球信息的传递效率产生影响，进而影响创造力活动的进行。

（二）大脑皮层唤醒水平与创造力个体差异

唤醒是指从睡眠状态到警觉水平较高的清醒状态，再到情绪紧张状态的一个连续过程。赫尔通过动物实验发现，唤醒的增加可以使联想层次的陡峭性增大，而唤醒的下降则可以使陡峭性变平缓，而有研究者认为与创造力贫乏的人相比，富有创造性的人在联想层次的陡峭性上更平缓，唤醒水平影响创造力的进行。Lindsley 发现当一个人从警觉水平高的清醒状态进入幻想状态，再由幻想状态进入睡眠状态时，大脑皮层的激活程度降低，这种大脑皮层的激活水平可以直接用 EEG 的频率和振幅来进行测量。此后的多项研究表明当大脑皮层激活水平降低时，a 波活动增多。

Martindale 利用 EEG 技术记录了被试者完成操作转换测验、远距联想测验和智力测验时的 a 波，把 a 波的变化作为大脑皮层唤醒水平变化的一个指标，即当 a 波活动增多时，表明大脑皮层激活水平在降低。这个理论认为当个体处在低皮层唤醒状态时，新颖的、独创性的想法更容易产生，因为当人处在低皮层唤醒状态时，初级认知加工、注意力散焦和扁平的联性层级更易发生。后继研究证实了低唤醒理论，即创造性想法产生时伴随着 a 波活动的显著增强，并表现出 a 波活动同步性的增高。

（三）神经效能与创造力个体差异

Haier 在考察人类智力活动的大脑机制时发现，智力任务的成绩与几个脑区的葡萄糖代谢率呈显著的负相关。高智力的个体，大脑葡萄糖代谢水平较低，由此他提出了神经效能假说。神经效能假说认为，与智力水平较低的个体相比，智力水平高的个体完成相同任务时，使用的神经网络或者神经细胞更少，因此消耗的葡萄糖更少，表现出更高的神经效能。

Razumnikova 利用 EEG 技术对男性与女性被试者完成不同发散思维任务时的大脑激活水平进行了研究，发现无论男性被试者还是女性被试者都表现出神经效能现象。而 Jung 在一项考察脑内化学物质与创造力成绩之间关系的研究中也发现了神经效能现象。他使用磁共振波谱技术对神经代谢物 N-乙酰天门冬氨酸（简称 NAA）进行了观测，发现头皮前部双侧脑区灰质中的 NAA 量能够预测创造力得分。对于高智商被试来说，其可以更高效地控制皮层资源向创造性思想的产生加工分配，因此表现出 NAA 量与创造力分数之间的正相关。

二、基于认知神经科学研究的创造力分类

早在 19 世纪初，研究者就已开始进行尝试。由 Helmholtz 在 1826 年提出，后经 Wallas 发展把创造力过程分为准备（preparation）、酝酿（incubation）、明朗（illumination）和验证（verification）四个阶段。Guilford 则把创造力思维分为发散思维和聚合思维，并认为发散思维是创造力的核心成分。

基于认知神经科学关于注意、工作记忆和长时记忆取得的最新成果，Dietrich 对创造力进行了分类。其分类的基本假设是：创造性思维是一般心理加工的结果，创造性信息的整合与非创造性信息的整合共享相同的神经环路。在 Dietrich 创造力分类中，包括两个维度，一个维度是自然产生/深思熟虑。他认为，与直觉式思维和分析式思维一样，创造性想法可以产生于两种不同的加工模式：当前额叶皮层中的神经环路为创造进行周密计划性的搜索时，这时进行的思维将倾向于结构化、理性化，遵守当前的价值与信念系统；而当注意系统并不积极选择意识中的内容，允许更为随意、未经过滤、工作记忆表征中存在奇异想法时，自然产生式创造就得以发生。Dietrich 分类中的另外一个维度是情绪/认知，即新奇的产品是产生于负责情绪的脑区结构还是产生于负责认知加工的脑区结构，其认知神经科学依据是情绪加工激活脑区与认知加工激活脑区存在分离。根据这两个维度，Dietrich 把创造力分成了四类：（1）深思熟虑-认知式创造力；（2）深思熟虑-情绪式创造力；（3）自然产生-认知式创造力；（4）自然产生-情绪式创造力。

Dietich 基于认知神经科学研究的分类，能对当前创造力领域的很多争论做出更合理的解释，也得到了创造力脑机制研究的支持，但仍需要开展更多的认知神经科学研究来进行验证。

第二节　创造性人格特点与个性

创造性人格（creative personality），也被称为创造人格、创造型人格。它是美国心理学家 Guilford 提出和使用的一个概念。它是指主体在后天学习活动中逐步养成，在创造活动中表现和发展起来，对促进人的成才和促进创造成果的产生起导向和决定作用的优良的理想、信念、意志、情感、情绪、道德等非智力素质的总和。

一、创造性人格的特点

（一）整体性和层次性

创造性人格是一个统一的整体结构，是具有创造性的人的整个心理面貌，其中的各个部分及其组织要素相互作用，组成一个不可分割的整体，从而对创造活动发挥整体性的推动和保证作用。创造性人格同时也具有层次性。首先，创造性人格的各种组成要素在每个人身上的表现具有程度上的差异；其次，每个人的创造性人格要素在具体的创造活动中发挥的作用有大有小；最后，创造性人格作为一个融化结构具有个体差异性，即人与人之间的创造性人格在总体水平上是有区别的。

（二）生物性和社会性

创造性人格受生物因素和社会因素的双重影响与制约。生物因素只为创造性人格的形成与发展提供可能性，而社会因素才会使这种可能性转化为现实性。如果脱离了人类正常的社会生活环境，人的正常心理就无法形成和发展，创造性人格也就失去了培育的条件。社会生活条件对创造性人格的形成和发展起决定性作用。

（三）稳定性和可塑性

创造性人格是在人的创造活动中经常表现出来的、较稳定的心理倾向性、心理特征和自我意识的总和，而不是偶然的、暂时性的表现。不过，创造性人格的稳定性是相对的，创造性人格还具有可塑性，并不是一成不变的。创造性人格是在主体与客观环境相互作用的过程中形成和发展起来的，与此同时，又会在主体与客观环境相互作用的过程中发生变化。

（四）独特性和共同性

人格的独特性是指人与人之间的心理与行为是各不相同的。因为人格是在遗传基因、客观环境、成熟、营养和学习等诸多因素的共同影响下产生和发展起来的。

我们强调人格的独特性，并不排除人与人之间在心理与行为上的共同性。由于人格的形成受到时代特征和历史文化背景的影响，所以同一阶层、同一民族、同一时代的人们在人格上具有代表其所处时代特征的气息，心理学称之为时代性格、群体性格或民族性格。

二、创造性人格的基本特质

创造性人格的基本特质是创造性人才生成的重要元素，是影响个体创造性活动发展的决定性要素。国外许多研究者对创造性人格进行了研究和阐述，但目前仍未形成广泛的共识。

Guilford 在研究认知特性时，发现发散思维中的流畅性、独特性、变通性与创造性行为有高相关，从而概括出创造性人格的一些特点：①有高度的自觉性和独立性；②有旺盛的求知欲；③有对新事物强烈的好奇心，对事物的运动动机有深究的欲望；④知识面广博，善于观察；⑤工作中讲求条理性、准确性、准备性、严格性；⑥有卓越的文艺天赋和幽默感；⑦有丰富的想象力、敏锐的直觉和抽象思维能力；⑧意志品质出众，能排除外界的干扰，长时间地专注于某个感兴趣的问题中。

Sternberg 提出创造力的三维模型理论，第三维是人格特征，包括以下因素：①对含糊的容忍；②愿意克服障碍；③愿意让自己的观点不断地发展；④活动受内在动机的驱动；⑤有适度的冒险精神；⑥期望被别人认可，富有想象力、敏锐的直觉，喜好抽象思维，对智力活动与游戏有广泛的兴趣；⑦富有幽默感；⑧愿意为争取再次被认可而努力。

第三节　教师创造性教学行为与创新课堂氛围的构建

对学生创造性的培养，教师与学校是直接相关者，教师的创造性教学行为和创新班级氛围的构建直接影响学生创造性的发展。

一、教师的创造性教学行为

（一）创造性教学行为的内涵

创造性教学行为是教师努力培养学生的创造性思维和行为，并对学生的创造性表现给予积极反应的、有利于学生创造力发展的教学行为。

（二）教师创造性教学行为与创新思维的关系

史密斯（R.Smith）在界定创造型教师时提到那些善于吸收最新的教育科研成果，将其积极运用于教学中，有独特见解，能够发现行之有效的教学方法的教师就是创新型教师。张景焕、申燕认为教师自身的创造性是其创造性教学行为和学生创造性发展的必不可少的基础。教师自身的创造力是其施行创造性教学行为的先决条件和重要基础。

（三）创造性教学行为的测量及工具

1. 教师创造性教学行为特点观察表格

Furman 在其研究中用教师创造性教学行为特点观察表格来研究教师的创造性教学行为。该表格根据 28 个行为类别对记录的教师行为进行编码，具体见表 3-1 所列。

表3-1　教师创造性解学行为特点观察表格

序号	类别	解释
1	说明	组织学生的工作和活动
2	指示，命令，警告	老师为维持纪律，阻止错误行为，所说的言论或做出的行为
3	协助	在学生为特定的任务或问题的工作中提供帮助或指导
4	讲课（讲授）	陈述事实、学习资料，朗读教科书
5	老师的回答	老师对学生问题、要求的所有积极反应
6	利用学生的想法	老师接受和进一步使用或阐述学生的想法
7	（反复）训练类型的问题和任务	老师的目的显然是死记硬背，经常被用作整个课堂朗诵
8	记忆类型的问题和任务	学生们需要记住事实、学习规则的知识等

序号	类别	解释
9	聚合性类型的问题和任务	除了足够的知识外，还需要聚合思维过程来解决既定的任务
10	发散性类型的问题和任务	有许多可能的正确答案或可以来解决这个任务的方法
11	处理问题	与之前的需要提供最终产品的问题相反，在这些问题中，需要用语言来说明解决问题的程序和过程，要求学生给出解决问题的方法的原因，检查学生对某一知识点的理解也属于这一类
12	控制或检查问题	旨在了解学生在独立工作中取得的进步的教师言论
13	个人及其他问题	与课堂作业或学习任务没有直接联系的问题
14	简短的积极评价反馈	大部分是一个词的反馈，说答案是正确的，点头或重复学生的答案（或其部分）也属于这一类
15	表扬、鼓励、表达对学生的信任	除了简单的积极反馈外，减少学生焦虑、鼓励犹豫的学生的活动；用幽默来放松气氛
16	有趣的任务	通过使用有趣的故事、任务、例子来增强动机和兴趣
17	简单的负面评价反馈	通常只有一个词的反馈，说答案是不正确的；用类似问题的语调重复答案（或其部分）
18	缺乏评估，讽刺	在应该有反馈的情况下没有反馈，使用讽刺或嘲笑评估学生
19	批评，指责	用更复杂的形式（即几个句子）对学生的成就表达失望，经常可以观察到教师对被评估学生的消极情绪或态度
20	分析性评价	更详细的评价，给出了评价的理由，指出了学生回答的好和坏的部分和所展示出的过程中的错误
21	要求学生评价	邀请学生参与评估的过程；要求给出具体的评价理由
22	回应性的学生反应	由教师发起的回答问题、学生活动，学生的反应不应该与给定的框架重叠
23	回应性的学生书写反应	学生在给定的框架内书写而不是说出答案
24	学生的积极主动性	学生提出的思想、建议、例子、问题，与教师给出的框架重叠的回答也属于这一类
25	未能给出答案	学生无法给出答案，以回应老师的要求
26	独立工作	为整个班级提供不间断的工作时间
27	个人接触	当观察者不能识别和编码互动的性质时，教师与个别学生的接触

序号	类别	解释
0	教师或学生行为中的未确定事件	教师或学生行为中的未确定事件，教室中非建设性的安静或混乱的时期

2.小学教师创造性教学行为评价量表

张景焕、初玉霞、林崇德修订了 Kay 的创造性教学行为自评量表，并对小学教师进行施测，形成了小学教师创造性教学行为评价量表。量表由 28 个项目组成，分为 4 个维度：学习方式指导、动机激发、观点评价和鼓励变通。

小学教师创造性教学行为评价量表

请阅读下列对教师行为的描述，并从 5 个选项中选出最符合您教学行为的一项。其中 1 代表"从不这么做",2 代表"偶尔这么做",3 代表"时常这么做",4 代表"经常这么做",5 代表"总是这么做"。

1.在我的课上，学生有机会交流他们的看法和观点。

2.我在课堂上重视学好基础知识和基本技能。

3.当学生提出某些观点时，我让他们进一步思考之后才表明我的态度。

4.我能深入细致地了解学生的建议，以使他们理解我很认真地对待他们。

5.学生在我的课上会经常进行小组活动。

6.我强调掌握基础知识和基本技能的重要性。

7.我为学生提供机会让他们了解彼此的优、缺点。

8.我赞赏学生将所学知识派上不同的用场。

9.我给学生留出有待他们自己解决的问题。

10.我鼓励学生为教学出谋划策。

11.学生们很清楚我期望他们学好基础知识和基本技能。

12.我鼓励学生从不同的角度思考，哪怕其想法可能行不通。

13.学生们很清楚我期望他们先自己检查作业。

14.学生知道我不会轻易否定他们的建议。

15.我鼓励学生用课上所学的知识做不同的事情。

16.我帮助学生从他们的失败中吸取教训。

17.我教给学生基础知识并给他们留出个人自学的余地。

18.我只在学生充分讨论他们的看法后才发表评论。

19.我喜欢学生花时间从不同的方面进行思考。

20. 无论对错我的学生都有机会自己进行判断。

21. 即便学生的建议并不实际或不一定有用，我也会认真倾听。

22. 我不介意学生偏离我所教的内容去尝试自己的想法。

23. 我鼓励遭受挫折的学生把挫折看作学习的一部分。

24. 我给学生留出开放性的问题，让他们自己去寻求答案。

25. 我期望学生在小组活动中主动合作。

26. 尽管以不同的方式做事要占用更多的时间，我还是鼓励学生这么做。

27. 我耐心倾听学生提出的或许显得可笑的问题。

28. 我鼓励遭遇失败的学生寻求其他可能的解决办法。

二、创新课堂氛围

（一）创新课堂氛围的内涵

课堂氛围又可称为课堂环境或学习环境，指的是学生或教师对于课堂的主观感知，是影响学生发展的微观环境。近年来，随着社会和教育领域对学生创造力的重视，课堂环境的研究者也日益关注有利于培养学生创造力的课堂环境。胡卫平指出，所谓创造性的课堂环境指的是支持教师和学生具有创造性的思维和教学活动，能有效激发学生创造性的动机及积极的学习情绪，善于培养学生创造性的人格，能形成自由、民主、和谐的课堂氛围。

（二）创新课堂氛围与创新思维的关系

很多研究表明，师生关系的融洽度和同伴关系的友好度在一定程度上对学生的创造力有着重要的影响。当教师支持并认可学生的创造动机和热情，当学生遇到挫折时给予情感上的安慰和认知上的帮助时，能增强学生的自信，从而使其表现出更多的创造性行为。良好的同伴关系有利于学生对他人形成积极的态度，促进学生间的合作。学生在互相表达观点、探讨问题、思想碰撞的过程中，创造力就能得到很大程度的提高。韩琴等人的研究也发现，与单独学习相比，同伴互动的学习方式更能促使学生提出创造性问题。

（三）创新课堂氛围的测量

胡琳梅和龚少英在 Fraser 编制的课堂环境问卷（WIHIC）基础上，结合国内胡卫平的创造性课堂环境理论及 Cropley 关于创造性教学行为的观点，编制了创造性课堂环境问卷。问卷共包括 33 个项目，分为师生关系、同伴关系、课堂参与、合作、教学方式和平等六个维度。问卷采用 5 点计分，从 1~5 依次代表"从来没有"到"总是如此"，问卷信效度良好。

表3-2　创造性课堂环境问卷

下面是关于课堂环境的一些描述。请根据实际情况，看每个描述与你相符合的程度，在最符合自己情况的数字选项上划"√"。

题号	题目	从来没有	很少发生	偶尔发生	经常发生	总是如此
1	老师会主动关心我	1	2	3	4	5
2	老师不厌其烦地帮助我	1	2	3	4	5
3	老师会考虑我的感受	1	2	3	4	5
4	当我学习遇到困难时，老师会帮助我	1	2	3	4	5
5	老师会与我沟通交流	1	2	3	4	5
6	老师时常鼓励我	1	2	3	4	5
7	我了解班上的其他同学	1	2	3	4	5
8	我对班上的同学很友好	1	2	3	4	5
9	班上的同学都是我的朋友	1	2	3	4	5
10	我和班上其他同学相处得很好	1	2	3	4	5
11	当班上其他同学的学习遇到困难时，我会帮助他们	1	2	3	4	5
12	我认为班上的同学都喜欢我	1	2	3	4	5
13	我会参与课堂讨论	1	2	3	4	5
14	在课堂讨论时我会发表自己的看法和观点	1	2	3	4	5
15	我会向老师提出问题	1	2	3	4	5
16	我会向班上其他同学解释我的观点	1	2	3	4	5
17	同学会问我如何解决问题	1	2	3	4	5
18	做作业时，我会让同学享用我的书籍和资料	1	2	3	4	5
19	在分组活动时，小组内的同学能够互相合作	1	2	3	4	5
20	开展班级活动时，我和其他同学相互合作	1	2	3	4	5
21	老师给我们发现自己正确或错误的时间与机会	1	2	3	4	5
22	老师给我们改正错误的机会	1	2	3	4	5
23	老师会认真倾听我们提出的问题和建议	1	2	3	4	5

续表

题号	题目	从来没有	很少发生	偶尔发生	经常发生	总是如此
24	老师不会轻易否定我们的建议	1	2	3	4	5
25	不管我们的建议是否有用,老师都会认真倾听	1	2	3	4	5
26	老师耐心倾听我们提出的问题,即使问题显得可笑	1	2	3	4	5
27	当我们提出某些观点时,老师让我们进一步思考之后才表明他的态度	1	2	3	4	5
28	我们提建议时,老师会在我们所提建议的基础上提出让我们进一步思考的问题	1	2	3	4	5
29	在班上,我的发言机会和其他同学一样多	1	2	3	4	5
30	在班上,我和其他同学受到同等对待	1	2	3	4	5
31	我参与课堂讨论的机会和其他同学一样多	1	2	3	4	5
32	我的作业得到的表扬和其他同学一样多	1	2	3	4	5
33	我得到回答问题的机会和其他同学一样多	1	2	3	4	5

第四节 教师创新思维中的认知与情绪调控

一、教师创新思维的认知特征

(一)创新型教师的认知方式特点

认知特征是指一个人处理信息的习惯,反映一个人知觉、思考、解决问题和记忆的典型模式。认知特征具有一致性和持久性的特点,不同的教师有不同的认知方式。一般来说,创新型教师的认知方式呈现如下特点。

1.认知方式以创造性思维和发散性思维为主

创新型教师更倾向于创造性思维,他们的创新意识较强,敢于打破常规和历史传统,一般不喜欢照搬别人的教育经验和方法,善于根据教材和学生特点,灵活运用各种教学方法,从而形成自己的教学风格。他们在教育教学中总是不断地探索实践、反思总结,经常有自己的创新。创新型教师往往是以发散性思维为核心，以收敛式思维为支持，进行两者有机结合。他们更喜欢寻求问题的多种可能性，备课时注意选择"发散点"，对教学过程中可能出现的各种情况考虑得比较充分。他们对学生探索一题多解的努力和出乎意料的问题，多持肯定和鼓励态度，而且能有意识地加以引导。他们还经常设计一些开放性的、没有单一答案的问题，以激发学生的创新思维。

2. 认知风格以场独立性为主

在认知风格研究中，最著名的是威特金（H. Wintkin）关于场依存性与场独立性的研究。威特金认为，场依存性与场独立性是两种普遍存在的认知方式。倾向于场依存性认识客观事物的人，对客观事物的判断常以外部线索为依据，认知活动易受周围背景的影响，尤其受权威人物、传统习惯的影响，往往不能独立地对事物做出判断。倾向于场独立性的人，常以自己的内部线索为依据，认识活动不易受外来因素的影响和干扰，从而更倾向于独立地对事物做出判断。创新型教师的认知方式更倾向于场独立性。他们不喜欢"唯书""唯上"，不迷信权威，有自己的独立见解，但又能认真听取别人的合理意见。

（二）创新型教师的心理品质

心理特征是个体表现在认知、情感、意志过程和个性心理特征方面的本质特征。创新型教师应具备哪些心理品质才能适应创新型国家对创新人才培养的要求呢？

1. 强烈的创新意识

创新意识是个体在教育活动中，能有意识、有目的的按创新要求衡量与调节自己的思想言行的心理活动。爱因斯坦认为，创新意识是科学创造的出发点、动机和推动力。强烈的创新意识是创新型教师从事创新教育教学实践不可或缺的一种心理品质，是驱动创新型教师产生创新行为的内在动力和前提。创新型教师强烈的创新意识表现为具有创新的意向和愿望，能从不同寻常的独特视角分析问题，能迅速接受新事物，具有善于捕捉信息的超前性，既能根据教育发展的需要，形成新的教育观，又能以新的教育观为指导，改造现有的教育实践，能大胆地思考、怀疑、提出、探索及解决问题，并注重从教育观念、教育内容、教育方法手段等诸方面不断地进行创新，用创新理念来引导人、塑造人。

创新型教师强烈的创新意识包含有多种心理成分，其中最主要的有两种：好奇心和创新动机。好奇心是个体对新事物、新知识的浓厚兴趣和求知欲望，是推动人们从事创造活动的内驱力。居里夫人（Marie Curie）把好奇心称为"人类的第一美德"。心理学研究表明，学生对创造发明的好奇心是在教师精心呵护和培养下发展起来的，教师的好奇心越强，学生的创造性就越高。好奇心既是诱发创新的重要因素，也是创新的开端。在好奇心的驱动下，教师就能以求新、求异、求奇的精神状态，创新性地完成教书育人的任务。

创新动机则是直接推动人进行创新活动的内部动力。它对人的创新行为有着导向、激发和强化的作用。创新动机是促使主体产生创新行为的重要心理因素。心理学实验及实践表明，只有适度的创新动机，才最有利于激发和调动人的创新行为和活动。因此，在组织和实施创新教育教学活动中，创新型教师应保持一种适度的创新动机。

2. 完善的认知能力

教育心理学认为，认知能力是个体接受、加工、贮存和应用信息的能力。这种能力是后天习得的，但要受原先习得的知识技能的影响。用现代观点来说，知识、技能和能力是统一的。创新型教师完善的认知能力是由多元合理的知识结构和娴熟的教育能力构成的。完善的认知能力是创新的核心机制。

3. 健全的人格

创新是一种复杂的心理活动过程。除了强烈的创新意识、完善的认知能力外，创新型教师还应具有健全的人格。这不仅是保证自身身心健康、事业成功的必要条件，而且对学生的创造力发展和人格形成有着不容忽视的影响。正如俄国教育家乌申斯基所说："在教育工作中，一切都应该以教师的人格为依据。"健全的人格特征是创新的保障系统。

二、教师创新思维的认知调节

（一）教师创新思维中认知策略的含义

认知策略的功能，主要是用来调节和控制个体自身的认知加工活动。认知策略是一种对内调控的技能，它所涉及的概念和规则反映人类自身认识活动的规律。人类认识活动潜藏于人的内部，无法从外部直接观察到，因而这类概念和规则难以通过直观演示的方法教给学生。对于教师而言，弄懂陈述性知识和程序性知识的异同并不困难，关键要在具体的学科教学中实现两种知识的相互转化，教会学生在适当的情境中以适当的形式提取某个知识点的技能，把知识学活。

（二）教师创新能力培养的认知构成

国内研究者方力维等人采用自编的中学教师心理素质问卷对 119 名中学卓越教师、264 名有经验的普通教师以及 245 名年轻的新手教师进行调查，使用判别分析法得出中学卓越教师区别于其他两类教师的核心心理素质；最后以中学卓越教师核心心理素质为定位线索，通过对 13 名典型中学卓越教师传记材料内容的分析，得出了核心心理素质所对应的生成策略，其中"创新能力"这一核心素质的生成策略见表 3-3 所列。虽然该研究是针对中学教师作出的，但是其研究结论对于小学教师创新能力的理解也有着重要启示。

表3-3　"创新能力"核心心理素质生成策略的内容分析

| 核心心理素质 | 生成策略 | | 人数 | 所占比例（%） | 典型文本范例 |
	名称	概念			
创新能力	思维迁移	将理论或是现实所反映的规律从一个情景迁移到另一个情景	10	76.9	想出"绿色语文"这个新奇的概念，并非只是心血来潮，杜撰新词，而是事出有因。大概在 10 年前我听说过这样一件事。在课堂上，众学生对抱着一大沓试卷的老师调侃道："这些纸张都是通过大量砍伐树木得来的，实在是罪过、罪过！"于是，我开始思考，教师该如何才能为环保做出贡献？那就是"减少试卷"，"减少试卷"又意味着什么呢？于是，我想到了"绿色语文"的概念
					存在这样的一种现象，执行任务时，如果外部的要求过于严苛，那么个体会无法将精力专注地投入当前的任务之中。这是因为外部的强制性要求无形之中给予人压迫感，会使个体执行任务的效率与质量有所损耗。他正是因此而想出将作业的设置主动权交给学生，被新型的作业形式所吸引，想要充分激起学生高效的自我管理能力

核心心理素质	生成策略		人数	所占比例（%）	典型文本范例
	名称	概念			
创新能力	博览群书	广泛地阅读各类书籍，而不局限于自己所授的科目或是兴趣所在	12	92.3	他讲数学，不仅仅是围绕着课本的知识，更多的是讲哲学辩证法。针对同样一个问题他总是能用多种方法加以讲授，带领课堂在座的每一位学生穿梭于不同的领域之间。在他的数学课上，学生听到的故事绝对不局限于数学这一学科，他的学生都被其丰富的课堂延伸容量所震撼
					书稿完成之后我才发现：尽管几乎都是整理旧作，但还是等于把这些问题重新思考了一遍，感觉获益匪浅。最突出的一点，就是跳出了过去对许多"点"问题思考的局限，对语文"美育"有登高一望、豁然开朗之感
					她说：教师的教不能同学生的学在同一个平面上移动，她要教出学生之未知，他人之未想。一些前来听课的教师感到问题新奇，但同时又觉得课堂内容过深过难，但她的学生却正在积极思考。脑际间闪现出她平时教学中延伸的丰富内容——古希腊的悲剧故事，《哈姆雷特》的崇高悲壮……

该研究结果表明，情绪调控、自我监控、自我开放、创新能力、职业认同是中学卓越教师区别于有经验的普通教师、年轻的新手教师的核心心理素质。其中"创新能力"所对应的生成策略为"思维迁移"和"博览群书"。

阅读是教师获取前沿研究动态、触发教育灵感的一大策略，但是鉴于目前的教育大环境被应试所充斥，很多中小学教师将自己的阅读范围限定在所授科目之内，这就造成了教师机械施教的现象，其陈旧的教学模式无法吸引学生的注意力。卓越教师则是充分体验多元化的阅读方式，从阅读中搜寻亮点，持续给自己灌输新知识，最终达到质的飞跃。诺贝尔曾提出，不同学科之间具有紧密的联系，解决单个科学问题时，不应脱离其他学科领域的相关知识。那么，作为极具创新能力的卓越教师，单一学科的知识储备是远远不够的，还要大胆跳出学科的框架，以开放的姿态汲取不同领域的精华，为自己的"新点子"储备多元化资源。而在"思维迁移"方面，中学卓越教师习惯于将理论或是现实所反映的规律从一个情景向一个情景迁移，这种思维的迁移可促使他们创造性且高效率地解决棘手的问题。我们认为，有关中学卓越教师的这些研究结果，对于从认知调节的角度进行教师创新能力的培养具有重要的指导意义。

（三）教师创新思维培养中情绪与认知的可调节性

人们在认知过程中，对于外界信息的加工效能，除了与头脑原有知识结构相关外，很重要的是受心理与情绪的调控。因为心理与情绪支配有机体同环境相协调，情绪能够激活有机体的能量，使有机体对环境信息做出最佳处理，因而制约着认知和行为。情绪的改变会产生对事物的不同认知，例如愉快使人觉得事物都是和谐的；而痛苦使人感到世界暗淡无光，令人沮丧。一般认为，良好的心理素质和正面的情绪对创新思维起协调促进作用，而心理不健康、负面的情绪则往往对思维活动起破坏、瓦解或阻断的作用。但近年来也有观点认为，创造力与情绪的激活程度有关，与情绪效价本身关系不大。不管情绪是正面的还是负面的，处于激活状态的情绪（例如快乐和生气）比非激活状态的情绪（例如放松和悲伤）更能促进人的创新性思维。但在同样的激活程度下，正面的激活情绪（例如，快乐）有比负面的激活情绪（例如，生气）更能促进创造性思维。根据这些研究，De Dreu 等人提出了情绪影响创造力的双路径理论。该理论认为，对于正面情绪来说，激活状态的情绪主要通过促进认知灵活力来提升创造力；而对于负面情绪而言，激活状态主要通过促进动机、使人们更加坚持而提高创造力。因此，培育良好心理素质，提高调控情绪能力，是把握创新思维的重要条件。

人的心理具有稳定性的特点，然而，我们还要看到和承认人的主观能动作用，要承认心理素质的可改变性、可培养性。后天的学习和训练对于完善心理品质、提升心理素质具有重要作用。以情商的培养训练为例，自 20 世纪 90 年代以来，情感、情商理论在国内外兴起，这是一门如何调节心理和情绪，如何运用情绪信息去引导思维能力的理论，引起了广泛的关注和传播。这一理论的传播与实践，也从社会意义上说明了，人的心理素质的可培养和情绪状态的可调控性及其重大意义。明确认识心理素质的可培养与可调控性，是自我培育良好心理素质的前提。

三、教师创新思维与情绪调控

（一）教师创新思维培养中情绪调控的意义及理论观点

如上文所述，在教师创新思维培养中，情绪调控具有必要性和可行性。在当前教育教学体制改革的大背景下，教师的教学理念、教育模式均受到前所未有的强力冲击。小学任教教师的课业任务较重，普遍承受着较强的心理压力；同时，小学教师的评优机会也相对较多，某一头衔的获得或是错过都会给教师造成较大的心理冲击。那么，只有能够及时调节情绪，得以保持冷静、自制、倾听、耐心、安全的心理氛围，才能将精力最大限度地投入教学工作中去，进而取得卓著的教学成果。

有研究者提出，在教师创新思维培养中需要进行情绪方面的"安顿心灵"。现代社会处于高速发展中，外部环境随时发生变化，而人的基本活动是基于对外部信号的接收，即经过个体的思考产生相应的行为反应以达到与外界的平衡。如果个体的内心总是随着外界的冲击而大幅度波动，并且将这种思维模式习惯化，那么情绪将会外显到行为层面以至于无法调控。真正让自己的心灵不随外界的褒奖而大幅度波动才是保持卓越的一大策略。通俗地说，把外界冲击比作雨水，个体的内心若是浅浅的水洼，则容易随着雨水的下落渐起波澜，而内心若是汪洋大海，面对雨水的袭来便依然能够做到波澜不惊。因此，心灵的安抚会使个体更好地对情绪及行为反应加以调控。

除此之外，教师还需要进行"情感投入"。有研究认为，创新型的卓越教师乐于在教学理论与实践间反复游走，教学事务的繁忙并不会影响该群体的教学热情，这种对教学工作的高度认同源自于教师内心对学生和教育事业的情感投入。真情实感的投入会使教师将教学不仅仅视为一项工作，而是所肩负的一种使命，可促进教师更用心地执行教学工作，进而获得更优的教学成果以进一步强化自身的价值感、使命感以及对教学工作的认同感。

（二）创新思维相关的情绪心理素质培养

国内的钟月明等人提出，可以从以下方面培养创新型教师的情绪心理素质。

1. 乐观的心态

大多数心理学者都将积极、乐观、向上的心理素质看作是心理健康的主要标志。乐观与快乐是表里关系，科学家发现，欢笑与乐趣会刺激脑部制造儿茶酚胺（Catecholamine）、内啡肽（Endorphins）影响身体的荷尔蒙功能，包括产生愉悦感、缓解痛苦、提高创造力。心理学学者威斯曼对大学生进行心理测试后认为，自信乐观者更有才能，会取得更多的成功，享受着更亲密、诚实和互相激励的人际关系，能更多地发挥创造性。相反，悲观者则缺乏自信，少有热情，人际关系中更多的是恐惧、愤怒和内疚，自我整合能力低，缺少创造性。因此，乐观心态是促进创新思维的基本心理素质。

2. 坚定的自信心

能肯定自我，自重、自律，工作中有自我信任感，心理上不依赖别人；出了问题，既不以"是他人的错"为借口，也不盲目过度自责。这应是独立性、创新性的心理基础。一些人往往怕犯错误，或有从众心理，觉得自己想法把握性低，与多数人保持一致较为保险，或思想懒惰，或怕他人非议，或迷信权威、崇尚教条，这都是自信心不强的表现，妨碍创新思维的开展。教育心理学家肯尼思·哈伍德曾以创新成果"高""低"为标准，对两组年轻科学家自信心做比较研究，发现成果高的组表现了相当的自信和对抗社会压力的能力，而成果低的组经常有在周围人们中建立良好印象的欲望。事实说明，少数不肯从众的人保持敏锐的触角，才让新事物成为可能。因而自信心和独立思考是创新思维应具有的心理素质。

3. 丰富的想象力

想象力是人类最神秘的丰富宝藏，爱因斯坦曾说，"想象力比知识更重要，想象力概括着世界上的一切，推动着进步，并且是知识进化的源泉"。心理学家奥斯本在著述中甚至将创造力和想象力作为同义词使用。由于想象力是发散性思维的心理基础，因此想象力是创新思维的心理要素。要强调想象力就必须：善于务虚，不要把务虚当作脱离实际，有时太接近问题会使观察焦点模糊，易产生见树木不见森林的毛病，妨碍想象力扩展；主动改变固执心理，遇事不钻牛角尖，要使自己"似有无数触角无限地向四面八方探触"；善于延伸时空视野，实行时空跳跃思考，视野短窄，对小事会过激反应，抑制想象力；明确问题的正确答案绝非一个，不拘泥于某个"正确"答案，努力寻找众多可能性。

4. 强烈的好奇心

对事物的敏锐感是创新思维所必需的心理素质。遇事无动于衷会扼杀创新思维，而好奇心、怀疑精神、浓厚兴趣、观察力、注意力是创新思维极其重要的心理因素。因此，有研究者提出，应当强调：不满足现状，淡化求稳怕乱的心态；要保持童稚般的好奇心，不逃避"游玩"，不认为"肤浅"；敢于怀疑，爱问为什么，不被表面的认同或结论所满足；兴趣广泛，并且当遇到新问题时，能迅速激发出浓厚的兴趣。

5. 坚强的意志力

恒心和意志力是事业成功的必要条件，也是创新思维启动与持续的保证。意志力在创新思维中表现为以下方面：①在遇到思维阻塞、挫折时，有克服困难的意志；②表现在调控自身心理和情绪的意志力，即自身自律的能力；③甘冒风险，在失败面前，能正确归因，增强信心和恒心；④体现在创新思维过程中，具有专注力，创新思维需要兴趣既广泛又专一。兴趣不广泛不利扩散思维，兴趣不专一研究不能深入。因而必须强调注意力、专注力的心理素质。

（三）教师创新思维培养中心理情绪调控的主要方法

研究者认为，为了使心理情绪向有利于创新思维的方向发展，可以主要运用以下几个方面的方法来进行调控。

一是理性调控方法。人们经常会遇到理智与感情的关系问题，能够正确处理理智与感情，实质就是具有较强的理性调控力。人的情绪有个发展过程，比如会由对某人不满而发展到嫉妒，由于嫉妒与他人疏离，从而可能发展成仇恨。而一个有理智、有自控力的人，可以通过理性思考，淡化疏离感，增强同情心，设身处地为他人着想，分享他人的感觉与命运，把那种对他人的嫉妒心理转变为对他人的认同，从而控制自己的嫉妒感。心理学家认为，从一定角度看，心理由浅入深可分为三个层次，即情绪、情感、情操。情绪表现如热情、激情、应激、心境等，情感表现如爱、憎、责任心、荣誉感等，而情操是人的道德观、智慧观、美感。情操层次已具有理智因素，它当然可以调控相对低层次的情感与情绪。因此，我们要重视道德情操的修养，以更好地发挥理性调控力。

二是转移调控方法。这是对负面心理情绪调控的常用方法。如情绪不佳时，可以看书、听音乐、看电视、散步，或更积极地投入工作，使自己放松一下，回避一下，以转移情绪的冲动。其主观能动的心理过程一般应是：①承认这种情绪的存在，②找形成原因，③设法转化它。这就是转移调控的一般过程。心理学者认为当个体心理不平衡时，一般有三种途径使之恢复平衡：①积极式的，如上述理性调控；②反抗式的，就是一种以行为发泄的方法；③消极式的，即对现实取消极态度。而转移调控法可以视为一种介于消极与积极之间的方法，是一种把负面情绪引向"建设性抒发"的方法，是一种不做"热处理"而寻求"冷处理"的方法。

　　三是发泄调控方法。精神动力学理论认为，压抑不是根本处理负面情绪的好办法，要使负面情绪有适当的表现机会。人们可以主动地使用宣泄去调控情绪，例如找朋友倾吐胸中抑郁，对于不便倾吐的问题，最好是求助心理医师进行心理咨询。

　　四是感染调控方法。自然、社会环境和人际关系，对人的心理情绪有重大的感染作用。情绪低落的人接近你，你可能也会低落。因此人们要主动使自己脱离原来的易于引发不良情绪的环境，进入有利于克服负面情绪、有利于创新思维的人际圈和生活环境。人们与积极向上的人交流，本身也会受其影响，改变自己看待问题的角度，从更积极的方面解读自身遇到的问题，从而有效地调节情绪。

【参考文献】

[1] 陈培蕾.浅析创新型教师的特征 [J].读与写（上，下旬），2017，14(28)：1.

[2] 田甜.知识的多元化表示与学生创新思维能力培养的研究 [D].扬州：扬州大学，2007.

[3] 方力维.中学卓越教师核心心理素质研究 [D].重庆：重庆师范大学，2018.

[4] 李茂林.关于小学语文教学中的情感教育及其实施对策分析 [J].学周刊，2016(32)：96-97.

[5] 钟月明.心理、情绪与创新思维 [J].桂海论丛，2002(4)：57-60.

[6] 詹慧佳，刘昌，沈汪兵.创造性思维四阶段的神经基础 [J].心理科学进展，2015，23(2)：213-224.

[7] 陈辉辉，郑毓煌.创造力：情境影响因素综述及研究展望 [J].营销科学学报，2015，11(2)：51-68.

第四章　创新思维训练的方法与技术

【引言】

创新是人类与生俱来的属性。虽然每个人的知识水平、思维能力有所不同，但是通过正确的引导和训练，掌握创新思维的方法，形成积极思维的习惯，就可以培养出意想不到的创新思维能力。在进行创新思维训练的过程中，掌握科学的创新思维方法和技术是非常重要的，没有方法的学习，再多的训练也只能是低水平的重复；同时，只有经过大量的训练，学到的创新思维方法和技术才有可能转化为创新思维能力。

【本章要点】

● 创新思维方法的训练

● 创新思维训练的常用技术

● 测一测：你的创造力有多强

第一节　创新思维方法的训练

一、发散思维训练

发散性思维是测定创造力的主要标志之一。发散思维又称"辐射思维""放射思维""多向思维""扩散思维""求异思维"，是指从一个目标出发，沿着各种不同的途径去思考，探求多种答案的思维方式。从不同方面思考统一问题，"一题多解""一物多用""举一反三"等都是与以发散思维的方式来思考问题。[1]

（一）发散思维的形式

1. 立体思维

立体思维也称"多元思维"、"全方位思维"、"整体思维"、"空间思维"或"多维型思维"，是指跳出点、线、面的限制，能从上下左右，四面八方去思考问题的思维方式，也就是要"立起来思考"。运用立体思维思考问题时常有三个角度：有一定的空间，有一定的时间，万物联系的网络。

2. 平面思维

平面思维是线性思维向着纵横两个方向扩张的结果。当思维的点处于同一平面不同方位的时候，思维就进入了平面思维。我国古代著名人物诸葛亮，擅长于用"兵"是众所周知的，一般人可能认为只有"人"才可以当"兵"用，但在诸葛亮的思维中，水、火是"兵"，草、木皆"兵"，更可以借东风以作"兵"用，这就是平面思维的效果。

3. 逆向思维

人类的思维具有方向性，存在着正向与反向之差异，由此产生了正向思维与逆向思维两种形式。逆向思维是指悖逆人们的习惯路线，从事物的反面去思考问题的思维方法。这种方法常常使问题获得创造性的解决。

【拓展阅读】

案例 4-1：摘下女士的帽子

印度有一家电影院，常有戴帽子的妇女去看电影。帽子挡住了后面观众的视线。大家请电影院经理发个场内禁止戴帽子的通告。经理摇摇头说："这不太妥当，只有允许她们戴帽子才行。"大家听了，不知何意，感到很是失望。第二天，影片放映之前，经理在银幕上映出了一则通告："本院为了照顾衰老有病的女客，可允许她们照常戴帽子，在放映电影时不必摘下。"通告一出，所有女客都摘下了帽子。（案例来源：吴兴华．创新思维方法与训练 [M]．广州：中山大学出版社，2019：33．）

4. 侧向思维

侧向思维又称"旁通思维"，是发散思维的又一种形式，这种思维的思路、方向不同于正向思维、多向思维或逆向思维，它是沿着正向思维旁侧开拓出新思路的一种创造性思维。一百多年前，奥地利的医生奥恩布鲁格，想解决怎样检查出人的胸腔积水这个问题。他的父亲是酒商，在经营酒业时，只要用手敲一敲酒桶，凭叩击声，就能知道桶内有多少酒。奥恩布鲁格想：人的胸腔和酒桶相似，如果用手敲一敲胸腔，凭声音，不也能诊断出胸腔中积水的病情吗？"叩诊"的方法就这样被发明出来了。

5. 横向思维

横向思维，又称水平思维，是相对于纵向思维而言的一种思维形式。纵向思维是按逻辑推理的方法直上直下的收敛性思维。横向思维是当纵向思维受挫时，从横向寻找问题答案。

6. 多路思维

多路思维是指对一个有多种答案的问题，朝着各种可能解决的方向，去扩散性思考该问题各种正确答案的思维。思考者从不同角度、不同逻辑起点、不同思维程序考察客观事物，形成多方面、多层次、多因素、多变量的整体认识。多路思维要求思考者要善于一路又一路地想问题，而不要在"一条道上摸到黑"。

7. 组合思维

组合思维又称"连接思维"或"合向思维"，是指把多项貌似不相关的事物通过想象加以连接，从而使之变成彼此不可分割的新的整体的一种思考方式。江苏省常熟中学的庞颖超发明了一种能够让色盲人士识别的红绿灯，在现行的红绿颜色的灯中加入一些白色的有规则形状的图形。如红色圆形中间加入一条横着的白杠，绿色圆形中间加入一条竖着的白杠，以此来让色盲人士进行识别。

（二）发散思维训练的一般方法

1. 七种发散途径训练

根据思维发散的途径，人们可以从七个方面进行发散性思维训练。

（1）功能扩散：以某种事物的功能为扩散点，设想出获得该功能的各种可能性。例如，尽可能多地设想水的用途，尽可能多地想出使脏衣服去污的办法，等等。

（2）结构扩散：以某种事物的结构为扩散点，设想出利用该结构的各种可能性。例如，尽可能多列举具有"立方体"结构的东西。

（3）形态扩散：以事物的形状、颜色、音响、味道、明暗等为扩散点，设想出利用某种形态的可能性。例如，尽可能多地设想利用红光可以做什么或办什么事，尽可能多地设想利用辣味可以做什么或办什么事，等等。

（4）组合扩散：从某一事物出发，尽可能多地设想与另一事物（或一些事情）联结成具有新价值（或附加价值）的新事物的各种可能性。例如，尽可能多地说出钥匙圈可以同哪些东西组合在一起。

（5）方法扩散：以解决问题或制造物品的某种方法为扩散点，设想出利用该方法的各种可能性。例如，尽可能多地设想用"钻"的方法可以办成哪些事或解决哪些问题。

（6）因果扩散：以某个事物发展的结果作为扩散点，推测造成此结果的各种原因，或以某个事物发生的起因作扩散点，推测可能发生的各种结果。

（7）关系扩散：从某一事物出发作为扩散点，尽可能多地设想与其他事物的各种联系。例如，尽可能多地说出某人与哪些人的关系。

2. 假设推测法

假设的问题不论是任意选取的，还是有所限定的，所涉及的都应当是与事实相反的情况，以及暂时不可能的或是现实不存在的事物对象和状态。由假设推测法得出的观念可能大多是不切实际的、荒谬的、不可行的，这并不重要，重要的是有些观念在经过转换后，可以成为合理的有用的思想。

3. 集体发散思维

发散思维不仅需要用上我们自己的智慧，有时候还需要用上我们身边的无限资源，集思广益。

（三）发散思维训练的心智图法

心智图法（Mind mapping）又称为思维导图，它能够将各种点子、想法以及它们之间的关联性以图像视觉的景象呈现出来。

绘制思维导图的 7 个步骤如下。

（1）从一张白纸的中心开始绘制，周围留出空白。

（2）用一幅图像或者画面来表示中心思想。

（3）在绘制中使用颜色。

（4）将中心图像和主要分支连接起来，然后把主要分支和二级分支连接起来，以此类推。

（5）让思维导图的分支自然弯曲而不是采用直线。

（6）在每条线上使用一个关键词。

（7）自始至终使用图形。

二、逆向思维训练

人们在解决问题时，习惯于按照熟悉的、正向的思维来进行思考。然而，对于具有创新需求的发展变化的事物，利用正向思维有时不易得到正确答案。一旦改变思维的方向，从与逻辑思维方向相反的方向进行思考，往往会获得不同寻常的解决问题的办法。

（一）逆向思维法的类型

1.反转型逆向思维法

这种方法是指从已知事物的相反方向进行思考，产生发明构思的途径。

【拓展阅读】

案例4-2：吸尘器的发明

1910年，伦敦举行了吹尘器的表演，它用强大的气流将灰尘吹走。吹尘器除尘后，地面是干净了，可吹起的灰尘却呛得人透不过气来。有一个年轻人由此联想如果反过来"吸尘"是否可行呢？不久，简易版的吸尘器就诞生了。（案例来源：曹福全，丛喜权.创新思维训练[M].北京：高等教育出版社，2019：93.）

2.转换型逆向思维法

这是指在解决问题时，由于当前手段受阻，而转换采用另一种手段，或转换思考角度，以使问题顺利解决的思维方法。如历史上被传为佳话的司马光砸缸救落水儿童的故事，实质上就是一个用转换型逆向思维法的例子。由于司马光不能通过爬进缸中救人的手段解决问题，因而他就转换为另一手段，破缸救人，进而顺利地解决了问题。

3.缺点逆向思维法

这是一种利用事物的缺点，将缺点变为可利用的东西，化被动为主动，化不利为有利的思维发明方法。这种方法并不以克服事物的缺点为目的，相反，它是将缺点化弊为利，找到解决方法。例如金属腐蚀是一种坏事，但人们利用金属腐蚀原理进行金属粉末的生产，或进行电镀等其他用途，无疑是缺点逆向思维法的一种应用。

（二）逆向思维的训练方法

1.辩证分析

正向和逆向本身就是对立统一，不可截然分开的。在进行逆向思维训练时，人们可以从矛盾的对立面去思考问题。任何问题都是矛盾的统一体，只有从矛盾的不同方面去引导逆向思维，人们才能找到独到的、科学的、令人耳目一新的解决方法。

2.运用反证

反证法是正向逻辑思维的逆过程，是一种典型的逆向思维。反证法又称归谬法、悖理法，是一种论证方式。这种方法首先假设某命题不成立，然后推理出明显矛盾的结果，从而下结论说原假设不成立，原命题得证。

3.执果索因

从果到因，从答案到问题，改变解决问题的惯用思路。设想一个婴儿奶瓶被设计成会随牛奶温度的变化而改变瓶身的颜色，对于这一设计的意义，大多数人很快会想到是为了避免牛奶温度过高烫到婴儿。那么，如果转换提问的方向：如何设计奶瓶以保证牛奶的温度不会过高？人们的思维过程会发生怎样的变化呢？[2]

【拓展练习】

缺点逆向思维练习

随机选取某项事物，运用发散思维列举其缺点。进行缺点逆向思考，克服事物的缺点，将缺点化弊为利，提出具体的设想和方案。

三、联想思维训练

联想思维是由一事物的概念、方法、形象想到另一事物、概念、方法和形象的心理活动。联想是开启人们思路、升华人们思想的导火索和催化剂。研究和实践证明，大跨度的联想思维能力，往往具有很强的创造力。

【拓展阅读】

案例 4-3：消肿解毒良药

我国汉末医学家华佗，有一次看到蜘蛛被马蜂蜇后，落在一片绿苔上打了几个滚，肿便消失了。他由此联想就到绿苔可用来为人治病。通过试验，消肿解毒良药便问世了。（案例来源为 https://wenku.baidu.com/）

（一）联想思维法的类型

1.接近联想法

发明者在时间、空间上联想到比较接近的事物，进而产生某种新的设想的思维方式，就被称为接近联想法。

2.相似联想法

相似联想法是在形式上、性质上或意义上相似的事物之间形成联想的方法。例如，从语文书想到数学书，从钢笔联想到铅笔。这种联想也可运用到创造发明过程中来。

【拓展阅读】

案例4-4：鲁班发明锯

我国古代的能工巧匠鲁班，从手指被边缘呈细齿状的茅草拉了个口子，联想到可以把片状钢条的边缘打成细齿，用以锯木头。于是，他发明了锯子。（案例来源为 https://wenku.baidu.com/）

3.对比联想法

对比联想法也被称为相反联想法。由某一事物的感知和回忆引起跟它具有相反特点的事物的联想。例如：黑与白，水与火，黑暗与光明，温暖与寒冷。

4.因果关系联想法

由两个事物间的因果关系所形成的联想。比如，从铅笔到铅，从橡皮到擦除。

【拓展阅读】

案例4-5：相似联想、对比联想和接近联想的关系见表4-1所列。

表4-1

对比联想		接近联想		相似联想	
火	水	水	鱼	鱼	虾
陆地	海	河	桥	海	河

（二）联想思维法的训练

联想力的高低主要表现在两个方面：一是联想的速度，二是联想的数量。人人都会产生联想，但高联想力并不是人人都具备的。只有经常地进行专门的联想训练，才会提高联想力，为创造性思维打下基础。

（1）提高联想速度训练：给定两个词或两个物，然后通过联想在最短的时间里由一个词或物想到另一个词或物，如：天空、鱼。其间的联想途径可以是：天空对比联想地面，地面接近联想湖、海，湖、海接近联想鱼。

（2）提高联想数量训练：给定一个词或物，然后由这个词或物联想到其他更多的词或物，在规定的时间内，想得越多越好。

四、想象思维训练

想象思维是个体对已有表象进行加工，产生新形象的过程。想象以记忆表象为基础，但它不是记忆表象的简单再现。想象是以组织起来的形象系统对客观现实的超前反映。

（一）想象思维法的类型

1. 无意想象

无意想象是事先没有预定的目的，不受主体意识支配的想象。无意想象是在外界刺激的作用下，不由自主地产生的。例如，人们观察天上的白云时，有时把它想象成棉花或仙女，还有人们在睡眠时做的梦，精神病患者在头脑中产生的幻觉，等等，这些都是无意想象。无意想象可以使灵感得以产生。但无意想象不能直接创造出新东西，必须借助有意想象。

2. 有意想象

有意想象是事先有预定的目的的、受主体意识支配的想象。它是人们根据一定的目的，为塑造某种事物形象而进行的想象活动，这种想象活动具有一定的预见性、方向性。有意想象分为再造型想象、创造型想象和幻想型想象。再造型想象是根据他人的言语叙述、文字描述或图形示意，形成相应形象的过程。如读小说、诗歌想象出人物的形象和场面。创造型想象是不依据现成的描述而独立创造出新的想象表象的过程。幻想型想象是与生活愿望相结合并指向未来的想象。

（二）想象思维法的训练

1. 了解想象思维的认知加工方式

想象活动中的认知加工主要有四种：黏合、夸张、人格化和典型化。

（1）黏合。黏合就是把两种或以上本无关系的客观事物的属性和特征结合在一起，构成新形象。例如，英国一个叫吉姆的小职员在脑海里把脚上穿的鞋子和能滑行的轮子这两样东西的形象组合在一起，想象出了一种"能滑行的鞋"，经过反复设计和实验，他终于制成了四季都能用的"旱冰鞋"。

（2）夸张。夸张是故意增大或缩小客观事物的正常特征，使他们变形。《格列佛游记》中的大人国和小人国就是经典的例子。

（3）人格化。人格化就是对客观事物赋予人的形象和特征，从而产生的新形象。例如，动画片中的小猪佩奇、巧虎等。

（4）典型化。典型化就是根据一类事物的共同特征来创造新形象。作家、艺术家用以概括现实生活、创造典型形象的方法就是通过收集、分析大量的生活材料，从中提炼出最能体现某种人物或某种生活现象特点的素材进行整合、虚构，在艺术加工基础上创造出新的艺术现象来。

2.增强想象思维的方法

（1）丰富表象积累。表象是想象的现实依据。一个人的表象储备越多，所展开的想象内容就越丰富。拓宽视野是丰富表象积累的重要途径，只有开阔视野，人们才能接触鲜活的事实和知识，才能更好地感知大千世界，储备丰富的记忆表象。

（2）训练想象能力。通过训练再现的想象能力、解决现实问题的想象能力、超现实的或面向未来的想象能力等增强想象能力。例如想象一次火星旅行的经历。

【拓展练习】

1.再造想象练习

（1）你能想象出原始社会开始的时候人类"茹毛饮血，钻木取火"的情境吗？

（2）听到别人去"大草原"旅游回来的介绍，你能想象出哪些草原的风光特点？

2.创造想象练习

（1）居家防盗是一个人们十分关注的问题，除了安装防盗门，你还能想出哪些妙招？

（2）为了使沙漠绿化，你有什么新的设想？

第二节　创新思维训练的常用技术

为了解决复杂问题，人们在长期的创新实践中，发明了许多思维技术与工具，如头脑风暴法、组合创新法、5W2H分析法、核检表法、六顶帽子法、问题列举法等。这些方法有些是直接引导思维方向的，有些是帮助教师进行平行思维、系统思维或质疑思维，以发现教学中存在的问题，寻找到异于寻常的解决办法。

一、头脑风暴法

头脑风暴是指为了解决一个问题或萌发一个好创意，集中一组人来同时思考某事的方式，有点类似于汉语中的"集思广益"。

（一）头脑风暴法的实施流程

头脑风暴法力图通过一定的讨论程序与规则来保证创造性讨论的有效性。从程序来说，头脑风暴法通常包括以下 7 个环节。

1. 确定议题

在会前确定一个目标，使与会者明确通过这次会议需要解决什么问题，同时不要限制可能的解决方案的范围。

2. 会前准备

会前收集一些资料、布置会场等可以使头脑风暴的效率较高、效果较好。

3. 确定人选

与会者人数一般以 8 ~ 12 人为宜，也可略有增减（5 ~ 15 人）。

4. 明确分工

要推定 1 名主持人，1 ~ 2 名记录员（秘书）。主持人要在头脑风暴会开始时重申讨论的议题和纪律，在会议进程中启发引导，掌握进程。记录员应将与会者的所有设想都及时编号，简要记录。

5. 规定纪律

根据头脑风暴法的原则，可规定几条纪律，如集中注意力，积极投入，不要私下议论，发言要针对目标，与会者之间相互尊重、平等相待，等等。

6. 掌握时间

会议时间由主持人掌握。美国创造学家帕内斯指出，会议时间最好安排在 30 ~ 45 分钟之间。一般来说，创造性较强的设想一般要在会议开始 10 ~ 15 分钟后逐渐产生。

7. 会后的设想处理

头脑风暴法的设想处理通常安排在头脑风暴畅谈会的次日进行。在此以前，主持人或记录员应设法收集与会者在会后产生的新设想，以便一并进行评价处理。

（二）头脑风暴法的注意事项

1. 自由畅谈

参加者不应该受任何条条框框限制，放松思想，让思维自由驰骋。

2. 延迟评判

必须坚持当场不对任何设想作出评价的原则。一切评价和判断都要延迟到会议结束以后才能进行。

3. 禁止批评

绝对禁止批评是头脑风暴法应该遵循的一个重要原则。

4. 追求数量

参加会议的每个人都要抓紧时间多思考，多提设想。至于设想的质量问题，自可留到会后的设想处理阶段去解决。

二、组合创新法

巧妙的组合就是创新，组合在创新活动中极为常见并被广泛运用。组合类创新方法的特点就是以组合为核心，把表面看来似乎不相关的事物，有机地结合在一起，合多而一，从而产生意想不到、奇妙新颖的创新成果。

（一）组合创新的原则

1. 组合要有选择性：世界上的事物千千万万，应该选择适当的物品进行组合，不能勉强凑合。

2. 组合要有实用性：组合能提高效益、增加功能，使事物相互补充、取长补短、和谐一致。例如，将普通卷笔刀、盛屑盒、橡皮等组合起来的多功能卷笔刀，不仅能削铅笔，还可以盛废屑、擦掉铅笔写错的字，很有实用性。

3. 组合应具创新性：组合要能使产品内部协调、互相补充、相互适应、更加先进。组合必须具有突出的实质性特点和显著的进步，才具备创新性。

（二）常用的组合创新技术

1. 同类组合创新技术

同类组合也称同物组合，就是将若干相同的事物进行自组。比如，双层公共汽车、情侣伞、情侣衫等。

2. 异类组合创新技术

异类组合是指将两种或两种以上的不同领域的事物、思想或观念进行组合，产生有价位的新整体。例如，维生素、糖果两者都是客观存在的事物，但是雅客 V9 将二者融合，研发出了"维生素糖果"。

3.主体附加组合创新技术

主体附加组合又称添加法、主体内插式法，是指以某一特定的事物为主体，通过补充、置换或插入新的事物，而得到新的有价值的整体。例如，最初的洗衣机只有搓洗功能，以后增加了喷淋、甩干装置，使洗衣机有了漂洗和烘干功能。

4.重组组合创新技术

重组组合简称重组，是指在同一个事物的不同层次上分解原来的事物或组合，然后再以新的方式重新组合起来。重组组合只改变事物内部各组成部分之间的相互位置，从而优化事物的性能。它是在同一事物上施行的，一般不增加新的内容。如传统玩具中的七巧板就是让孩子们通过一些固定板块、构件的重新组合，创造出千姿百态、形状各异的奇妙世界。

5.综合创新技法

综合是对先进事物、思想、观念等实行融合并用，从而形成新的有价值整体。综合是各类组合的集大成者，是一种更高层次的组合，具有系统性、完整性、全面性和严密性的特点。例如，陈钢、何占豪将传统越剧优美的旋律与交响乐浑厚的表现方式完美结合，奏出了轰动世界的《梁祝》。

三、列举创新法

列举法是运用发散性思维来克服思维定式的一种创造技法。列举法的要点是将研究对象的特点、缺点、希望点罗列出来，提出改进措施，形成有独创性的设想。按照所列举对象的不同，列举法可以分为属性列举法、缺点列举法、希望点列举法和成对列举法。

（一）属性列举法

属性列举法，又称特性列举法、分布改变法，特别适用于老产品的升级换代。特点是将一种产品的特点列举出来，制成表格，然后再把改善这些特点的事项列成表。属性列举法能保证对问题的所有方面做全面的分析研究，其实施包括三个步骤。1.将物品或事物分为下列三种属性：（1）名词属性：全体、部分、材料、制法等。（2）形容词属性：性质、状态等。（3）动词属性：功能等。2.进行特征变换。3.再提新产品构想。

（二）缺点列举法

缺点列举法一般分为如下两个阶段：1.列举缺点阶段。召开专家会议，启发大家找出分析对象的缺点。2. 探讨改进政策方案阶段。在这一阶段，会议主持者应启发大家思考存在上述缺点的原因，然后根据原因找到解决的办法。会议结束后，应按照"缺点"、"原因"、"解决办法"和"新方案"等项列成简明的表格，以供下次会议或撰写策略分析报告用，亦可从中选择最佳策略方案。

（三）希望点列举法

希望点列举法是一种不断地提出"希望""怎么样才会更好"等的理想和愿望，进而探求解决问题和改善对策的技法。希望点列举法通常包含三个步骤：1.激发和收集人们的希望。2.仔细研究人们的希望，以形成"希望点"。3.以"希望点"为依据，创造新产品以满足人们的希望。

（四）成对列举法

成对列举法是把任意选择的两个事项结合起来，成对列举其特征，或者把某一范围内的事物一一列举，依次成对组合，从中寻求创新设想。

四、5W1H 法

5W1H 分析法（Five Ws and one H）也称六何分析法，是对选定的项目、工序或操作，都要从原因（WHY）、对象（WHAT）、地点（WHERE）、时间（WHEN）、人员（WHO）、方法（HOW）等六个方面提出问题进行思考。

5W1H 法在实施中有四个技巧。1.取消：就是看现场能不能排除某道工序，如果可以就取消这道工序。2.合并：就是看能不能把几道工序合并，尤其在流水线生产上合并的技巧能立竿见影地改善并提高效率。3.改变：如上所述，改变一下顺序，改变一下工艺就能提高效率。4.简化：将复杂的工艺变得简单一点，也能提高效率。无论对何种工作、工序、动作、布局、时间、地点等，都可以运用取消、合并、改变和简化四种技巧进行分析，形成一个新的人、物、场所结合的新概念和新方法。

五、六顶思考帽法

六顶思考帽是英国学者爱德华（Edward de Bono）博士开发的一种思维训练模式，它提供了"平行思维"的工具，避免人们将时间浪费在互相争执上。

六顶思考帽，是指使用六种不同颜色的帽子代表六种不同的思维模式。任何人都有能力使用以下六种基本思维模式：1.白色思考帽。白色寓意中立而客观。戴上白色思考帽，人们思考的是关注客观的事实和数据。2.绿色思考帽。绿色寓意创造力和想象力。戴上绿色思考帽，人们要进行创造性思考、头脑风暴、求异思维等。3.黄色思考帽。黄色代表价值与肯定。戴上黄色思考帽，人们从正面考虑问题，表达乐观的、满怀希望的、建设性的观点。4.黑色思考帽。戴上黑色思考帽，人们可以运用否定、怀疑、质疑的看法，合乎逻辑的进行批判，尽情发表负面的意见，找出逻辑上的错误。5.红色思考帽。红色是情感的色彩。戴上红色思考帽，人们可以表现自己的情绪，还可以表达直觉、感受、预感等方面的看法。6.蓝色思考帽。蓝色思考帽负责控制和调节思维过程，并负责做出结论。

六顶思考帽法的典型应用步骤包括六个环节：1.陈述问题（白帽）。2.提出解决问题的方案（绿帽）。3.评估该方案的优点（黄帽）。4.列举该方案的缺点（黑帽）。5.对该方案进行直觉判断（红帽）。6.总结陈述，做出决策（蓝帽）。帽子顺序非常重要，六顶思考帽不仅仅定义了思维的不同类型，而且定义了思维的流程结构对思考结果的影响。对六顶思考帽理解的最大误区就是仅仅把思维分成六个不同颜色，对六顶思考帽的应用关键在于使用者用何种方式去排列帽子的顺序，也就是组织思考的流程。

六、奥斯本核检表法

检核表法是美国创造学家奥斯本率先提出的一种创造技法。它几乎适用于任何类型和场合的创造活动，因此被称为"创造技法之母"。这种技法的特点，就是根据需要解决的问题，或需要创造发明的对象，列出有关的问题，然后一个个来核对讨论，以期引发出新的创造性设想来。奥斯本的检核表法是从以下九个方面来进行检核的：1.现有的发明有无其他的用途？ 2.现有的发明能否引入其他的创造性设想？ 3.现有的发明可否改变形状、制作方法、颜色、音响、味道？ 4.现有的发明能否扩大使用范围，延长它的寿命？ 5.现有的发明可否缩小体积、减轻重量或者分割化小？ 6.现有的发明有无替代用品？ 7.现有的发明能否更换一下型号，或更换一下顺序？ 8.现有的发明是否可以颠倒过来使用？ 9.现有的几种发明是否可以组合在一起。自从美国奥斯本的检核表法推出以后，其他国家的创造学家们随之提出了许多种具有各自特色的检核表法。

奥斯本检核表法的基本做法是：首先选定一个要改进的产品或方案；然后，面对一个需要改进的产品或方案，或者面对一个问题，从不同角度提出一系列的问题，并由此产生大量的思路；第三，根据第二步提出的思路，进行筛选和进一步思考、完善。

第三节 创造力自测

创造力测试

美国普林斯顿创造才能研究公司总经理、心理学家尤金·劳德塞，根据几年来对善于思考、富有创造力的男女科学家、工程师和企业经理的个性和品质的研究，设计了下面这套简单的试题。

试验者只要 10 分钟的时间，就可知道自己是否具有创造才能。当然，如果你需要慎重考虑一下，适当延长试验时间也不会影响测试效果。

试验时，只要在每一句话后面，用一个字母表示你同意或不同意：

（1）同意的用 A，不同意的用 C，不确定或不知道的用 B。

（2）回答必须准确、忠实，不要猜测。

实验试题：

1.我不做盲目的事，也就是我总是有的放矢，用正确的步骤来解决每一个具体问题。

2.我认为，只提出问题而不想获得答案，无疑是浪费时间。

3.无论什么事情，要我发生兴趣，总比别人困难。

4.我认为，合乎逻辑的、循序渐进的方法，是解决问题的最好方法。

5.有时，我在小组里发表的意见，似乎使一些人感到厌烦。

6.我花费大量时间来考虑别人是怎样看待我的。

7.做自认为是正确的事情，比力求博得别人的赞同要重要得多。

8.我不尊重那些做事似乎没有把握的人。

9.我需要的刺激和兴趣比别人多。

10.我知道如何在考验面前，保持自己的内心镇静。

11.我能坚持很长一段时间解决难题。

12.有时我对事情过于热心。

13.在无事可做时，我倒常常想出好主意。

14.在解决问题时，我常常单凭直觉来判断"正确"或"错误"。

15.在解决问题时，我分析问题较快，而综合所收集的资料较慢。

16.有时我打破常规去做我原来并未想到要做的事。

17. 我有收藏癖。

18. 幻想促进了我许多重要计划的提出。

19. 我喜欢客观而又理性的人。

20. 如果要我在本职工作之外的两种职业中选择一种，我宁愿当一个实际工作者，而不当探索者。

21. 我能与自己的同事或同行们很好地相处。

22. 我有较高的审美感。

23. 在我的一生中，我一直在追求着名利和地位。

24. 我喜欢坚信自己的结论的人。

25. 灵感与获得成功无关。

26. 争论时，使我感到最高兴的是，原来与我观点不一的人变成了我的朋友。

27. 我更大的兴趣在于提出新的建议，而不在于设法说服别人接受这些建议。

28. 我乐意独自一人整天"深思熟虑"。

29. 我往往避免做那种使我感到低下的工作。

30. 在评价资料时，我觉得资料的来源比其内容更为重要。

31. 我不满意那些不确定和不可预言的事。

32. 我喜欢一门心思苦干的人。

33. 一个人的自尊比得到他人敬慕更为重要。

34. 我觉得那些力求完美的人是不明智的。

35. 我宁愿和大家一起努力工作，而不愿意单独工作。

36. 我喜欢那种对别人产生影响的工作。

37. 在生活中，我经常碰到不能用"正确"或"错误"来加以判断的问题。

38. 对我来说，"各得其所""各在其位"是很重要的。

39. 那些使用古怪和不常用的词语的作家，纯粹是为了炫耀自己。

40. 许多人之所以感到苦恼，是因为他们把事情看得太认真了。

41. 即使遭到不幸、挫折和反对，我仍然能对工作保持原来的精神状态和热情。

42. 想入非非的人是不切实际的。

43. 我对"我不知道的事"比"我知道的事"印象更深刻。

44. 我对"这可能是什么"比"这是什么"更感兴趣。

45. 我经常为自己在无意之中说话伤人而闷闷不乐。

46. 纵使没有报答，我也乐意为新颖的想法而花费大量时间。

47. 我认为，"出主意没什么了不起"这种说法是中肯的。

48. 我不喜欢提出那种显得无知的问题。

49. 一旦任务在肩，即使受到挫折，我也要坚决完成。

50. 从下面描述人物性格的形容词中，挑选出 10 个你认为最能说明你性格的词：

精神饱满的	有说服力的	实事求是的	虚心的
观察力敏锐的	谨慎的	束手束脚的	足智多谋的
自高自大的	有主见的	有献身精神的	有独创性的
性急的	高效的	乐意助人的	坚强的
老练的	有克制力的	热情的	时髦的
自信的	不屈不挠的	有远见的	机灵的
好奇的	有组织力的	铁石心肠的	思路清晰的
脾气温顺的	可预言的	拘泥形式的	不拘礼节的
有理解力的	有朝气的	严于律己的	精干的
讲实惠的	嗅觉灵敏的	无畏的	严格的
一丝不苟的	谦逊的	复杂的	漫不经心的
柔顺的	创新的	实干的	泰然自若的
渴求知识的	好交际的	善良的	孤独的
不满足的	易动感情的		

计分方法，见表 4-2 所列。

表4-2

序号	A	B	C	序号	A	B	C
1	0	1	2	26	-1	0	2
2	0	1	2	27	2	1	0
3	4	1	0	28	2	0	-1
4	-2	0	3	29	0	1	2
5	2	1	0	30	-2	0	3
6	-1	0	3	31	0	1	2
7	3	0	-1	32	0	1	2
8	0	1	2	33	3	0	-1

序号	A	B	C	序号	A	B	C
9	3	0	−1	34	−1	0	2
10	1	0	3	35	0	1	2
11	4	1	0	36	1	2	3
12	3	0	−1	37	2	1	0
13	2	1	0	38	0	1	2
14	4	0	−2	39	−1	0	2
15	−1	0	2	40	2	1	0
16	2	1	2	41	3	1	0
17	0	1	2	42	−1	0	2
18	3	0	−1	43	2	1	0
19	0	1	2	44	2	1	0
20	0	1	2	45	−1	0	2
21	0	1	2	46	3	2	0
22	3	0	−1	47	0	1	2
23	0	1	2	48	0	1	3
24	−1	0	2	49	3	1	0
25	0	1	3				

50.下列每个形容词得2分：

精神饱满的　　　观察力敏锐的　不屈不挠的　柔顺的
足智多谋的　　　有主见的　　　有献身精神的　有独创性的
感觉灵敏的　　　无畏的　　　　创新的　　　好奇的
有朝气的　　　　热情的　　　　严于律己的

下列形容词每个得 1 分：

自信的　　有远见的　　　不拘礼节的　　不满足的　　　一丝不苟的

虚心的　　机灵的　　　　坚强的

其余的得 0 分。

结果解释：

将分数累计起来，分数在：

110～140　　创造性非凡。

85～109　　　创造性很强。

56～84　　　创造性强。

30～55　　　创造性一般。

15～29　　　创造性弱。

-21～14　　　无创造性。

【参考文献】

[1] 吴兴华.创新思维方法与训练 [M].广州：中山大学出版社，2019.

[2] 曹福全，丛喜权.创新思维训练 [M].北京：高等教育出版社，2019.

[3] 唐殿强.创新能力教程 [M].石家庄：河北科学技术出版社，2006.

[4] 布凌格.聚焦创新 [M].王河新，刘百宁，译.北京：科学出版社，2007.

[5] 罗德·贾金斯.学会创新 [M].肖璐然，译.北京：中国人民大学出版社，2017.

模块 2

小学课程教学创新思维训练

第五章　德育教学中的创新思维训练

【引言】

"德育为首，立德树人"是我们当今时代的最强音。然而，在强调学科思政的今天，个别学校仍存在"智育第一，唯成绩论英雄"、德育方法陈旧等问题。为了实现立德树人的教育目标，我们必须转变德育观念，创新德育方法，用新观念、新思路、新方法、新模式去塑造人，在德育中创新，在创新中育人。

【本章要点】

● 德育教学中创新思维训练的现状
● 德育教学中创新思维训练的方法与策略
● 德育教学中创新思维训练的案例

第一节　德育教学中创新思维训练的现状

"德"具有时代特征，不同时代，"德"的内涵不同。因此，德育的目标、内容、方法都不相同。

我国小学德育随时代的变迁而不断进行调整，目标与内容不断推陈出新。新中国德育发展大致经历了五个阶段：从新中国成立到 1956 年，小学德育重在道德品质和行为习惯的培养，比较符合儿童的特点；1958 年，德育课程由注重品德教育开始转向政治教育，部分地区改小学"德育"为"政治课"；1966年，小学德育课被政治化；从 1978 年的小学政治课到 1981 年的小学思想品德课，这一重要变化，有力地纠正了小学德育政治化和成人化的倾向，使小学德育转向培养学生的道德品质；从 1981 年到 2002 年，以"五爱"和"五讲四美"为核心的社会公德教育，培养小学生良好的思想品德和行为习惯；2002 年到现在，小学德育在宣传社会公德的同时开始关注个人私德，传授德育知识的同时也传授学生生活经验，重视学生实践活动与个人体验，把学生道德品质的培养与道德行为的养成结合起来。

在科技日新月异的信息时代，我们不仅要培养学生"与人为善"的善良本性，学会遵纪守法，还要培养学生的辨别能力、创新精神和实践能力。德育要顺应时代要求，不断创新德育目标、内容和方法，为培养一代新人发挥积极作用。

尽管当前小学德育在内容和形式上要求贴近学生生活，更加符合小学生的心理特征。然而，现实的德育工作存在一些问题，其育人功能不够落实，具体而言，存在下列问题。

一、德育为首的地位有待进一步落实。

二、德育方式需要及时更新。

三、家校共育的机制没有真正建立起来。

四、网络资源没有得到很好的利用。

第二节　德育教学中创新思维训练的方法与策略

德育创新思维训练离不开德育常规工作，更离不开有效德育。因此，德育创新思维训练要以常规工作为基础，以有效德育为目的。

一、落实德育为首，改革德育评价

德育为首，就是要把德育放在育人的首要位置。德育为首的落实，需要我们转变育人观念，把育人目标与现实要求、学生实际和社会生活结合起来，摒弃脱离学生实际、空洞无力的德育目标，强调德育的针对性，重视学生行为规范训练，使德育接地气、见实效，并把对学生日常的行为规范、道德要求以及主流的价值观教育渗透到各种教育教学活动中去，把遵纪守法、文明礼貌、尊老爱幼、诚实守信、勤奋节俭、知恩图报等行为规范作为学生最基本的道德要求，创新德育方法，并常抓不懈。

要落实德育为首的教育举措，同时还要改变重"智"轻"德"、以"智"代"德"的现象。核心素养背景下的课程改革，要求我们创新德育工作，推进以德育为核心的素质教育，健全考核制度，扭转"唯智倾向"，构筑"道德长城"，把"德育为首"作为育人目标落到实处，同时改变过去教师说了算的单一性评价方式，让教师、学生、家长等共同参与到评价中来，把自评、互评、他评结合起来，培养学生的自觉意识，增加学生的自我教育能力。

二、创新德育方法，促进德育改革

传统德育无效或低效，除了德育目标脱离学生生活和社会实际外，另一个重要原因就是采用灌输式的教学方式，坐而论道，高谈阔论。

德育的基本规律告诉我们，学生的品德由知、情、意、行四个要素构成，德育如果要有成效，就应该动之以情、晓之以理、导之以行，通过活动营造特定的情境，让学生在活动中获得真实的体验和感受，然后再进行分享与交流，从而形成正确的价值取向。活动不仅改变了德育方式，而且拓展了德育的空间，提高了学生自我教育的能力，提升了德育的有效性。

综合实践活动是一门综合性的实践课程，该课程是学生接触社会、了解生活的桥梁，具有很丰富的思想道德因素，是我们对小学生进行思想品德的重要抓手。我们在品德与生活（社会）的教学中，要结合学生需要和兴趣，开展相关的主题活动，让学生在问题解决的活动当中去感受生活、认识社会，形成正确的世界观、人生观和价值观。

三、创建学校、家庭、社会、网络四位一体的德育体系

小学生心智还不成熟，价值体系尚未建立，因此，作为塑造学生灵魂的德育十分重要，但我们别忘了，学生生活空间除了学校以外，还有家庭与社区。家庭是学生成长的摇篮，家庭环境、家长素质、家长教育水平等对学生的影响是毋庸置疑的。为了避免家庭教育与学校德育逆向而行，出现5+2=0的现象，学校必须利用好家庭教育资源，使家庭教育成为学校德育的基础。学校无法改变学生家庭环境，但可通过举办家长学校、成立家长委员会、召开家长会等形式整合学校与家庭教育资源，提高家长的教育水平和思想素质，引领家庭教育与学校教育保持一致。

作为学生生活的社区，孩子们生于兹、长于兹，他们的人生观、价值观和世界观自然会受到社区环境的影响。社区环境的信息文化、价值取向、社会行为规范等都会对学生产生潜移默化的作用。因此，学校要与社区教育委员会、工委、派出所等部门联合，引领正确的社会舆论导向，并通过"走出去，请进来"的方式开展社会教育。比如请警察来宣传法律常识与安全知识，请劳模或英模来作报告等，让学生提高防范意识、安全意识和奉献精神；通过让学生走进社区，开展公益活动或者志愿者服务等，让学生更好地认识和了解社会。至于社会中偶尔出现的不良风气，学校也应与社区联合起来，通过正面宣传的正能量来消解不良社会风气的影响。

随着科技的发展，网络的影响越来越大。海量的网络信息真假难辨、良莠不齐，然而，被网络信息包围的年轻一代，各方面都还没有成熟，倘若监管不到位，这些信息将对他们价值观的形成产生严重的负面影响，特别是网络中一些低级庸俗的信息，会阻碍小学生身心的健康成长。另外，有些学生沉迷网络游戏，用人机交往替代现实生活中的人际交往，不仅浪费时间、荒废学业，而且影响他们正常人格的形成，使他们变成不食人间烟火的"宅男"或"宅女"。因此，要把学校、家庭、社会、网络主管部门联合起来，加强网络伦理和法制教育，净化网络环境，建设学校、班级网站，开辟网上论坛，开展网页创意大赛和动漫制作大赛等课外活动，把网络变成小学德育的平台。同时，学校可以利用这个网络平台，整合网络资源，丰富德育内容，培养学生收集、分析、处理信息的能力，从而提升学生的道德认知水平。

四、加强学科建设，重视学科思政

教学是学校的中心工作，也是德育的主渠道，加强学科建设，发挥学科的育人功能，是当前课程教学改革的重要目的。学科教学不仅有着系统的知识，而且还蕴含着十分丰富的德育内容。教师在教学中要善于挖掘这些知识隐藏的思想道德因素，引导学生关注生活，使教学过程成为既教书又育人的过程。同时，教师还要发挥自身的影响，把自己的言行举止融入教学中去，以自身的道德修养去影响学生的发展，让整个教学过程不仅成为获得知识的殿堂，而且成为学生体验道德生活、完善个人品德、养成道德人格的重要场所。

学科思政是指构建全员、全程、全课程育人格局，使各类课程与思想政治课的教学同向同行，形成协同效应，把"立德树人"作为教育的根本任务的一种综合教育理念。课程思政要求学科教学，要结合现实需要，适时渗透爱国主义、集体主义、科学方法、科学精神、科学态度以及世界观、价值观、人生观等方面的教育，改变过去仅靠思想品德课进行德育的孤立无援的局面。

学校德育是一项庞大的系统工程，在教育活动中一直起着导向、统帅的重要作用。面对新形势，我们要勇于探索，敢于创新，用创新的思维开展德育，在德育活动中不断创新，使创新与德育永远相伴随行。

第三节　德育教学中创新思维训练的案例

案例1："抓'小偷'的艺术"创新思维训练案例

【案例背景】

这是一件小学生偷窃事件。其实事情并不严重，但是如果处理得不好，就会伤害学生幼小的心灵，留下挥之不去的童年阴影，如果处理妥当了，或许能感化人性，从此改变这位学生的人生轨迹。为人师者，尤其在面对小学生时，我们的一句话起着举足轻重的作用，而且小学班级的事情多而烦琐，需要我们用极大的耐心和精心去平息这些小风波，还得让孩子从这些事情中学到一些道理，帮助孩子塑造健康人格。这起偷窃事件让我记忆犹新，虽已得到较好的解决，但现在回想起来，我也在思索，对于这件事情会不会还有更完美的解决方案呢？

【案例主题】

抓"小偷"的艺术

【案例描述】

今年，我由以前的科任老师到副班主任，可以说是一个量变到质变的过程。虽说副班主任没有任重而道远，但是需要协助班主任处理班级的事情，有时候班主任脱不了身，就由我这位副班主任全权处理班级事情。在代理班主任的那段时间，发生了这样一件事情：班上的一位女同学带了一个很漂亮的水晶回来学校，拿着这个水晶到处炫耀，终于引起了班上另一位男同学的注意。于是这位男同学趁着没人注意，偷偷地把这个水晶占为己有，自己藏起来玩。女同学哭着过来办公室说自己的漂亮水晶被人偷了，一时间，我突然觉得很诧异，因为孩子这么小，肯定不懂得偷窃，可能只是被同学拿去玩了。我安抚好这位女同学后，到班上说了几句，内容大概是："谁拿了同学的水晶把玩，请课下马上还给她。以后拿同学的东西用或者玩，一定要记得提前询问事主哦。"可是时间过去一天了，水晶仍不知去向。傍晚放学时女同学一脸难过，我便继续安抚她，说明天定会帮她找到水晶。因为班主任正好有事，这事顺理成章地由我处理。我们都是今年刚接触这班同学，对学生的了解不够透彻，那么会是谁拿了这个水晶呢？身为人师，我们不能随意揣测怀疑任何一位学生，那样会伤害学生的自尊心和人格。我首先能做的就是在班上再一次提醒拿了水晶的同学，请他主动放回原位或者偷偷地放到老师的办公桌。第二天，我在提醒的同时加入了很多安抚和理解的成分进去，也表扬这种做法是非常棒的，是有借有还的好学生。静待半天后，仍没有任何消息，于是我开始从女同学身边的学生开始排查，最后把目标锁定在一位男同学上。一开始的询问，他并不承认。但是所有的证据都指向他，包括有同学亲眼看见他拿过。可是越是逼问他，他越是闭口不言，我突然觉得自己好像在"严刑逼供"。于是，我冷静下来，告诉他我相信他是一位好学生，并让他先回课室上课，课下再找我，目的是想给自己和孩子一个缓冲放松的时间，这样做或许能达到更好的效果。

课下，他再次找我时，我给他一张凳子坐着，一边请他帮我剪纸，一边跟他聊天，聊聊家里的爸妈、他的童年、身边的趣事、班上的同学，再到前两天班上开心的事情。等气氛比较和谐愉快时，我尝试跟他聊水晶的事情，从"你知道水晶是谁的吗？""漂亮吗？""什么样的？""你怎么知道？""一开始水晶是放在哪里？""什么时候不见的……"，一步一步，终于让他说出了拿走水晶的始末。他说因为觉得水晶漂亮，所以不想归还。这是一件很小的事情。听到他的承认和分析，我突然觉得很生气。这么久了，他既不主动还，也不想承认，还认为此事极小，无关痛痒。此种思想让我恼怒，我便严厉地训了他几句，孩子低着头，又回到了沉默的状态。我慢慢冷静下来，认为他毕竟是小孩子，而且这种思想肯定与家庭教育有很大关系，加上他对老师的敬畏，如果一味地责骂，孩子可能从这件事中学不到什么，更听不入我对他的任何教导，还会一而再、再而三地犯这样的错误。于是，我摸一下他的头，温柔地、耐心地跟他讲道理，跟他分析这件事对他人和自己的影响，并通过"不问自取属于偷""小时偷针大时偷金"等典故慢慢给他讲解相关道理，让他理解这种行为是偷窃行为，是非常严重的，切不可再犯，并鼓励他回家好好地跟父母沟通此事，表达自己从此不再犯这错误的决心。同时，我把与他聊天时录制的视频发给了他父母，希望能通过家校结合一起好好教育孩子，因为据我们的谈话了解到，这孩子存在这个坏习惯已经很久了，单靠老师的教导是不够的。

然而第二天我便接到男同学的母亲何女士的电话，孩子跟她说是老师诬陷他偷了水晶。此话一出，着实惊呆了我。可是我一想，是不是因为孩子害怕父母的责打，才会再一次撒谎呢。我首先问了他的母亲："你是否相信孩子的话呢？"母亲还极力为孩子辩护，说孩子很乖巧的，不会偷窃。于是，我问了何女士在家里对孩子的教育方式，以及孩子以前有没有这样的行为，面对这样的行为，她是如何教育孩子的。循循善诱下，我发现何女士对孩子的教育只有一个方式，即"打"，甚至拿着刀子去恐吓孩子。我立马懂得了孩子为何对着父母再一次撒谎。我便耐心地跟何女士讲解这件事的处理始末，同时表明这事是私下与孩子沟通处理的，并未在班上公开批评或者惩罚，让这位母亲明白我并非要指责孩子，只是希望能教导孩子，慢慢改变孩子这个坏习惯。听了我的一番言语，何女士也放下了对教师的普遍成见，跟我聊了关于孩子的很多事情，进一步地帮助我了解孩子的各种情况，让我找到了更好的方法引导孩子的各方面发展。最后，我向何女士提出建议：营造和谐气氛，好好地和孩子再聊一下这件事情，改变自己对孩子的教育方式和态度。万事开头难，但是只要踏出了第一步，那些自己曾认为很难的、不能改变的、几乎做不到的事情，都会成为过去式。

【结果与反思】

经过这件事情，不管是这位男同学还是家长，应该都有了很大的进步吧。孩子的脸上慢慢地多了笑容和自信，行为习惯各方面也都有了很大的改善，并慢慢地得到了同学和其他老师的肯定。尤其是让他担任班上的生活委员后，他的细心和责任心，有了大大的突显，品性和成绩也越来越好。看着他的改变，我真的觉得很欣慰，这既是他的改善，也是对我自己的肯定。对孩子和对家长，教师都是需要耐心和细心的。对孩子需要细心教导，才能把道理灌输给他。对家长则需要我们站在他和孩子的角度看问题，耐心地分析原因，才能稍稍减少部分家长对老师的偏见，才能彼此站在统一战线更好地教导孩子，真正做到家校结合。

案例原作者信息：佛山市三水区云东海学校 莫慧燕

案例点评："抓'小偷'的艺术"是一则处理小学生偷窃事件的案例。在本案例中，教师耐心和细心处理"小偷"事件，让孩子从这些事情中学到一些道理，帮助孩子塑造健康人格。案例中教师创新教育理念，创新教育方法，对犯错误的学生进行教育，取得了良好的教育效果，对德育工作创新思维的开展，有着借鉴意义和帮助作用。

案例 2：别让小小年纪就植下"欺凌"的种子

【案例背景】

近些年来，校园欺凌事件在各地学校时有发生，不同程度地损害了部分学生的身心健康和生命安全，引起了广大学生家长的忧虑，也引发了社会的高度关注。

【案例主题】

别让小小年纪就植下"欺凌"的种子

【案例描述】

一天下午体育课，三年级某班的小裴因不遵守课堂纪律，在跑步过程中撞伤了小轩的鼻子。第二天课间，小嘉与小轩玩耍起冲突，一拳打在小轩受伤的鼻子上造成鼻梁骨裂。事发后，班主任分别找孩子谈话、教育，也找家长告知了事情的整个经过。因有孩子受伤，所以班主任老师与双方家长约谈处理。经沟通，班主任打算等小轩鼻子恢复后再约双方家长解决赔偿及后续治疗事宜。没想到，过了几天，事情发生转折，小轩家长与班主任电话联系时情绪十分激动，责怪班主任老师处理问题的态度随意且不负责任，把该事上升为校园欺凌事件，同时要求小嘉换到别班去。

当班主任面对双方家长调解失败时，作为学校方的笔者就介入事情的处理当中。我先分别找来两个孩子，了解情况。

一、与其中一个孩子对话的情景

老师：你跟小嘉是好朋友吗？

小轩：是好朋友，现在暂时不是。

老师：为什么说"暂时不是"？是不是说，你们还会成为好朋友的？

小轩：是的，我们还会成为好朋友。平时一起玩，闹了很多矛盾，"拳头"闹了很多祸，暂时不在一起玩。

老师：哦，老师还是为你们感到可惜。本来是好朋友，却因为一点小矛盾，就暂时分开。不过，听说你们还会成为好朋友，又为你们高兴。希望你们尽快恢复友谊哦。能说说你最欣赏小嘉什么吗？

小轩：欣赏他的勇于改正。最不欣赏的是他的父母……

在了解了孩子的想法后，我又从班主任处了解到小轩的妈妈为人很强势，咄咄逼人，认为班主任在解决问题时偏袒小嘉。小轩爸爸是完全听从于孩子妈妈的意见。而小嘉的家长较为随和，加上是孩子伤了别人，所以表现出来的是配合的姿态。

知道了双方家长的意思，我明白了：解铃还须系铃人，问题的关键在家长，特别是在小轩妈妈身上。于是，我约见双方家长到校协商调解。

见面之前，班主任及时告知我一个新状况：小轩妈妈在家已经被家里的其他人进行了教育，他们责怪她不应该把事情闹得这么大，影响到孩子的正常情绪，也给班主任带来了这么多麻烦。

听后，我心头一喜：这是一种好现象，教育的力量又增强了！

二、双方家长见面协调的情景

人员：小轩的爸爸妈妈，小嘉爸爸、奶奶，双班主任和我

地点：会议室

过程：先由一位班主任陈述事情的前因后果，接着小轩妈妈表达了自己的诉求：要求赔偿、小嘉换班。紧接着另一班主任补充说明处理事情的整个过程。随着双方家长抛出问题，彼此解释，班主任适当补充，横在孩子、家长之间的恩怨也得到了较好的疏通。但"换班"一事，小轩妈妈还是坚持着……

这时笔者（我）出面调解了。

首先，表明调解观点：学校是教育人的地方，处理所有问题都是本着不伤害孩子、保护孩子的角度去考虑问题，不偏袒任何一方。

其次，告知学校做法：明确告知家长，换班是不可能的。学校从无先例，上级部门也不会允许的。关于小轩妈妈提到的"欺凌"一词，我明确表态：作为学校，不想让孩子在小小年纪就植下"欺凌"的种子。

问题来了，我们不回避它。出现了问题，作为学校方，我们要考虑的是：通过这件事，我们要开展哪些活动，可以让孩子之间学会互相帮助、友好相处。面对危机，有时我们可以利用这个契机把坏事变成好事，教会孩子掌握与人相处的技巧。这是终身的技能。教师要让孩子懂得：在校，与同学如何相处；走到社会上，与同事如何相处；在家里与父母如何相处；将来成家生子后，与妻儿如何相处；等等。所有的烦恼与痛苦都来自人与人之间的关系：夫妻关系、亲子关系、与自我的关系、职场关系。

再次，感谢家长的支持：我看到事情朝着好的态势发展了，便话锋一转，感谢他们对教育的关注、对老师工作的支持配合。这个班级，在两位新班主任的带领下，在家长们的大力支持下，取得了不少荣誉：训练营"优秀中队"、"十佳最美教室"等。学校希望这个班级在正能量不断上升之际，齐心协力，凝聚其他家长一起把这个班级再往上推一推，再上一个档次，受益的一定是孩子们。

最后，与双方家长共勉：从某种意义上，对未成年孩子来说，父母与班主任一样，是孩子的天，这片天空是湛蓝澄澈还是阴云密布，非常影响孩子的成长。

结果，小轩妈妈不再坚持让小嘉换班了，答应给孩子机会，试着与孩子相处一段时间。这件事情得到较为圆满的解决，终于可以告一段落。

【结果与反思】

事情结束了，作为教育者，思考却没因此而停留……

思考一：近些年来，校园欺凌事件在各地学校时有发生，不同程度地损害了部分学生的身心健康和生命安全，引起了广大学生家长的忧虑，也引发了社会的高度关注。然而过度的宣传，让人感觉到校园——这块孩子们成长的净土——越发不安全，家长们越发不安心，甚至有家长把孩子之间的打打闹闹、无心之举也上升到"欺凌事件"。作为教育者，我感到忧心忡忡。每当看到有关校园欺凌的新闻，我都会十分的心痛，也不断自问：那些本该天真无邪、可爱乖巧的孩子怎么会变成那样，他们真的以欺负弱小的同学为乐吗，真的没有同情心吗？

思考二：小学生善良、纯真、活泼，就像一张白纸，特别是低年级的孩子，思想幼稚、单纯，在成年人的正确引导下，一定可以描绘出美好的前景。如果过早、过多地接触负面的能量，那些欺凌的行为会在他们心中埋下隐患的种子。一旦有些事情激发了他们内心隐藏的种子，那么他们就很有可能会做出消极行为，不利于他们良好道德品质的形成。

思考三：防治校园欺凌的责任主体是多元的，学校、老师、家长等教育者，该如何各司其职，让教育形成合力呢？

学校应当从日常教育、安全管理和制度建设等方面着手，加强校园文化、班级文化建设，营造团结、友爱、平等、健康向上的校园文化和班级文化；定期对学生开展思想品德教育、法治教育和心理健康教育，培养学生明是非、守法纪，珍爱生命、尊重他人，自尊自信、乐观向上的良好品质。

班主任应努力在班集体中营造一种团结友爱、积极向上的氛围和环境，发现不好的"苗头"要及时进行干预和处理，正视学生欺凌问题的危害性，不能只是将其视为学生间的打闹、玩笑而无所作为。

家长应该多关注孩子的情感世界，少关注成绩，多些情感的交流和疏导，理性地解决问题。家长一定要明白：保护孩子的最终目的是为了让其健康成长，任何挫折都可以转化为孩子的成长经历，关键在于如何引导和应对。比如让孩子学会自我保护，学会让自己强壮起来，学会向家长老师求助，等等。

治理校园欺凌不是一蹴而就的，它不仅仅是一个学校、一个地方的教育问题，更是一个社会问题，需要广大教育工作者和全社会共同携手，关注、关心、关爱每一个学生；开展丰富多彩的体验式活动，做到"防"胜于"治"，才能将校园欺凌扼杀在萌芽状态，确保青少年健康快乐成长。

最后，借此呼吁：在学校，特别特别是在小学阶段，家校形成教育合力，多给孩子们植入"真善美"的种子，千万不要过早在孩子心田播撒"欺凌"的种子！

案例原作者信息：珠海市香洲区第一小学　刘丽辉

案例点评："别让小小年纪就植下'欺凌'的种子"是解决小学生欺凌事件的案例。近些年来，校园欺凌事件在各地学校时有发生，不同程度地损害了部分学生的身心健康和生命安全，引起了广大学生家长的忧虑，也引发了社会的高度关注。本案例中，教师处理小学生欺凌事件的认识和解决方法，创新了教育观念和教育方法。对小学德育创新思维训练有着借鉴意义和帮助作用。

第六章　语文教学中的创新思维训练

【引言】

　　语文学科是一门学习语言文字运用的综合性、实践性学科，其特点是工具性与人文性的统一。在语文教学中培养学生的创造力和创新思维需要更新语文教学理念，师生要建立平等对话的学习共同体以营造有利于创新思维训练的良好氛围，在此基础上，以语言学习为中心，努力开发合适的创新思维训练点，注重创新思维方法的训练，建设有效的"创新思维型"语文课堂。

【本章要点】
● 语文教学中创新思维训练的现状
● 语文教学中创新思维训练的方法与策略
● 语文教学中创新思维训练的案例

第一节 语文教学中创新思维训练的现状

中国著名的语文教育家叶圣陶先生在提到语文学习与思维时这样说过："语文学科是语言和思维的辩证统一。"中国语文教育的奠基者朱绍禹先生谈到语文学科和思维的关系时这样说："语文学科是语言学科也是思维学科。"因此，语文学科的学习是语言学习与发展思维的辩证统一。《义务教育语文课程标准》（2011 年版）指出，"在发展语言能力的同时，发展思维能力，学习科学的思想方法"，"尤其要注重激发学生的好奇心、求知欲，发展学生思维，培养想象力，开发创造潜能，提高学生发现、分析和解决问题的能力，提高语文综合应用能力"。《普通高中语文课程标准》（2017 年版）在学科核心素养之"思维发展与提升"中指出："思维发展与提升是指学生在语文学习过程中，通过语言运用，获得直觉思维、形象思维、逻辑思维、辩证思维和创造思维的发展，促进深刻性、敏捷性、灵活性、批判性和独创性等思维品质的提升。"

当今社会是一个需要不断创新的社会，也是迫切需要创新人才的社会，而创新人才的培养离不开教育。语文作为一门基础学科，在培养学生创新思维、创新精神这一方面担负着特别的责任，也是培养创新思维的重要途径。创新思维也叫创造性思维，是指"以解决科学或艺术研究中所提出的疑难为前提，用独特新颖的思维方法，创造出有社会价值的新观点、新理论、新知识、新方法等的心理过程"[1]。创造性思维是多种思维能力的综合，主要包括发散思维、聚合思维、直觉思维、灵感思维、抽象和想象思维、发现问题的能力等。从语言与思维的关系来讲，语文学科是培养学生创造性思维的主要学科。

吕叔湘先生在 1978 年 3 月 16 日的《人民日报》上写文章批评我们中小学语文教学"少、慢、差、费，十年两千七百多课时用来学本国语言却又大多数不过关，岂非咄咄怪事！"这个著名的"吕叔湘之问"，距今也有 40 多年的时间，其间语文教育经过多轮次改革，尤其是 21 世纪以来的新课改取得了很大的成绩，但相较于其他学科，语文教育教学的满意度仍然偏低，"少、慢、差、费"的教学痼疾依然未能根本扭转，其表现之一就是语文课堂教学中的思维训练不足，尤其是创新思维训练不足，大概表现为以下几点。

其一，在教学内容上，语文课堂教学重语言分析、情感熏陶，课堂教学未能深入思维层面，忽略甚至没有创新思维训练的具体内容。

其二，在教学方法上，语文课堂教学重教师讲解、学生被动接受（即使有课堂讨论，也多流于形式），忽略甚至取消了学生创新思维训练的过程与机会。

其三，在教学评价上，唯分数论、标准答案（唯一答案）依然大行其道，这严重抑制了语文课堂教学中师生进行创新思维训练的积极性，严重制约了创新思维训练的课堂空间。

究其原因，主要在于以下几点。

（1）现行的教学管理和评价体系不够合理。现代语文课程自建立以来，为了追求效率，一直以班级授课制为主，教师讲解、学生听讲一直是主要的教学方式，沿袭日久，导致语文教学长期以知识的讲解为主，并且教师在这一过程中占据主导地位，具有知识上的权威性，学生习惯于听从教师的讲解、分析，教师、学生创新动力不足。另外，学校教学评价唯分数论、智力至上的观念还未破除，导致教师重教学的结果而忽略学习的过程，其结果就是未能建立其语文课堂教学中的创新思维训练机制。

（2）现行的语文课堂教学理念不够合理。尽管语文课程标准力主在语文教学中进行思维训练，但落实在具体的每一个语文老师、每一节语文课上，其表现却不尽如人意。有的老师认为创新思维训练是其他学科（尤其是数学、物理、化学）的事，"与己无关"，语文学科是人文学科应该强调积累，不用创新；有的老师秉持"师道尊严"，不愿与学生平等对话，以老师之分析、结论，排斥、否定、压抑学生的其他分析与思考，使课堂失去创新思维训练的氛围；有的老师，虽然意识到在语文课堂教学中进行创新思维训练的必要性、重要性，却欠缺必要的创新思维训练的理论、方法，也就没有了在语文课堂上组织学生进行创新思维训练的能力。

（3）现行的语文课堂教学内容开发不够合理。语文学科的一大特点是"教材内容"不等于"教学内容"，语文老师也不能只"教教材"，应该"用教材来教"，要根据"教材内容"来开发合适的"教学内容"，这一"开发过程"需要语文教师多方面的知识、能力来支撑，当知识、能力不足时，"教学内容"的开发要么停留在表面，要么出现错误。从语文教材表面的语言、思想、情感内容开发出合理、合适的创新思维训练内容，难度很大，部分语文课堂未能实现这一目标，导致语文课堂不能很好地进行创新思维训练。

第二节　语文教学中创新思维训练的方法与策略

　　基于以上分析，我们要在语文教学中有效地进行创新思维训练，就应该进行多方面的改革，如改革我们的教育管理制度、教育评价制度（2020 年 10 月 13 日，中共中央、国务院印发的《深化新时代教育评价改革总体方案》就是一个积极的信号），更新我们的语文课堂教学理念。只有进行系统性变革，语文教学中的创新思维训练才能够真正落到实处。

　　在这些变革的基础上，围绕语文教学中的语言学习，我们可以采取如下策略与方法进行创新思维训练。

一、在师生平等、对话的基础上，建立语文学习共同体

　　要营造有益于创新思维训练的良好教学氛围，其前提是破除教师中心论、教师权威论。语文教师要改变传统的教师角色认知，要从语文知识的灌输者变成学生语文学习的帮助者、引导者。师生要以学生的语文学习为中心、为目标，建立起合作、互信的新型师生关系，学生能够大胆发表自己的意见和看法，教师也要尊重学生在语文学习中的独特体验和个性化表现。在此过程中，师生都要建立起强烈的创新思维训练意识。

二、在教学内容上，教师要依据教材、学情，开发出合适的创新思维训练点

　　教师要研究教材，从语言表层深入下去，去发现教材中隐含的、适合进行创新思维训练的语言材料，然后精心设计创新思维训练的目标、过程，以求得最好的训练效果。如在阅读教学中，教师可以以课文内容、形式的统一关系为创新思维的训练点，要让学生不仅要思考这篇课文"写了什么"，更要让学生思考课文"是怎么写的""为什么这样写"等问题，还可以思考"还有更好的写法吗"等问题。在写作教学中，教师可以以"材料的取舍""思考的深度"等问题作为创新思维训练点，如"材料的取舍"可以让学生思考"为什么要做这样的取舍""有没有更好的取舍选择"等问题。"思考的深度"可以让学生思考"关于这个问题，一般人会想到哪一层""如何更进一层""能不能再进一层"等问题。当然，面对不同的教材内容和不同的学情，创新思维训练点也是多种多样的。

三、在教学过程中,注重创新思维方法的训练,努力建设"创新思维型"语文课堂

具体来说,教师在语文课堂教学中,要做到四个"鼓励"。

(1)鼓励学生大胆质疑、问难,以培养学生发现问题、提出问题的能力。提不出问题(没有问题)是中国学生的通病,其背后的逻辑则是视一切为"理所当然",这样的思维习惯,是难以让学生进行创新思维训练的。因此创新思维训练的起点,就是能够质疑,能够发现、提出问题。古人云:"学起于思,思源于疑。"教师首先要鼓励学生提出问题,其次还要教给学生进行质疑、提问的方法,尤其是教给学生进行"学科专业性"提问的方法。语文教学内容驳杂而丰富,其学科本体性教学内容在"语言表达"即"工具性"上,因此,对于言语形式方面的质疑、问难,就比言语内容方面的质疑、问难,要有益得多。

(2)鼓励学生进行创造性想象,以培养学生丰富、灵动的想象能力。语言是抽象的符号,汉字又是形音义的结合体,汉字组成的语言材料能够表现人类丰富的思想与情感,里面包含有很多能够刺激学生进行想象的元素。尤其是语文教材中的一篇篇课文,文中有很多"留白",还有丰富的潜台词,以及与之匹配的插图,这些都是能够让学生进行创造性想象的对象。语文教师应该充分挖掘这些想象训练点,在教学过程中进行适当的想象训练。

(3)鼓励学生努力发展求异思维,以培养学生逆向思考、多角度思考的能力。求异思维是创造性思维的一种,在语文教学中,多指从现成的、已有的思路、结论之外去寻找新的思路与方法,多表现为逆向思考或者多角度思考。如《草船借箭》一文,有人认为其主题是彰显诸葛亮的聪明才智,也有人认为这篇小说是写周瑜的妒忌心理。你的看法是什么?还有没有第三种看法?你的依据何在?这样连续的几个问题,既有逆向思考训练,也有发散(多角度)思维的训练。

(4)鼓励学生多比较、多分析,以培养学生进行鉴别、思辨的能力。比较是人类基本的思维方式,而语言表达的效果,往往体现在细微的差别上,所以在语文教学中,学生要在大量读、写的基础上,多比较、多分析,以形成良好的语感,培养出良好的思辨能力。尤其是在语言品味、分析时,多用"换词法""去词法""改变句式""改变朗读的停顿、节奏"等方法来进行表达效果的对比分析,能够起到良好的语感培育效果和创新思维训练效果。在进行比较分析时,学生要找准"比较点",可列表格比较(写),可朗读比较(读),

可口说耳听比较（听、说）；可以进行言语内容的比较，也可进行言语形式的比较。

四、在创新思维训练的目的和效果上，要突出创新思维训练的学科专业性

语文学科的性质是工具性与人文性的统一，其本质是语言（母语）学习，相较于其他学科，它的创新思维训练应该有自己的目的和特点。如，在语文教学中属于重头戏的阅读教学中，学生面对的是一篇篇文章（文学作品），或长或短，是言语内容和言语形式的统一。从言语内容上来说，教师要训练学生的归纳、概括能力；从言语形式来说，教师要训练学生的推理及分析能力。课文中的人、事、景、情，能否用规定字数的一段文字进行缩写，或者提取出几个关键词，或者用一句话、一个词语进行归纳、概括？对于课文中的语言空白或意味深长、含义丰富的潜台词，能否作出合理的推理与解释？对于很有特点的语言表达，能否进行深入的语言分析……总之，创新思维训练必须紧紧地围绕"语言学习"来进行，否则就陷入了为创新思维训练而训练的困境。另外，在语文教学中，教师要重视学生语感的培养。语感属于直觉思维，也是创新思维的一种。语感是一种良好的语言感觉，背后支撑它的是思维的精细和准确，它的形成，依赖于语文课堂内外大量的、长期的听说读写训练。语文教师要把语感训练作为语文教学的重要目标，要找到一些有效的语感培养途径和方法。

语文教学中有丰富的创新思维训练材料，我们只要找到合适的创新思维训练点，并开发出合理的训练内容、训练形式，就一定能够实现有效的创新思维训练。

第三节　语文教学中创新思维训练的案例

案例 1：古诗创新思维教学案例

钓一个春暖花开
——以吟诵来提高小学低学段学生理解古诗的能力

【案例背景】

这是一个拥有 48 位学生的班级，分别有 27 位男生和 18 位女生。由于三

分之二的学生是六岁入学，班级的孩子比同年级的学生显得更加活泼好动，认知心理发展不平衡。授课时学生处于二年级。

这是一堂教授一首五言绝句的语文课。

【案例主题】

（1）课题：这节课，我们学习语文园地中的《江雪》。

《江雪》是唐代诗人柳宗元的一首山水诗，描绘了一幅江天雪景图。山山是雪，路路皆白。飞鸟绝迹，人踪湮没。遐景苍茫，迩景孤冷。意境幽僻，情调凄寂。渔翁形象，精雕细琢，清晰明朗，完整突出。诗采用入声韵，韵促味永，刚劲有力。历代诗人无不交口称绝。千古丹青妙手，也争相以此为题，绘出不少动人的江天雪景图。

（2）问题：如何引导七八岁的孩子感受古诗中的意境美？如何引导学生体会作者的思想感情？

（3）教法和学法：情景导入法、诵读法。通过简笔画，教师创设情境，唤醒学生的旧知，让学生结合生活中的所见所闻理解陌生字词，熟读成诵，启发思维，放飞想象，在吟诵中感悟诗情。

【案例描述】

本单元学《雪孩子》，学"冰天雪地"，学"鹅毛大雪"。怎么让一片空白的孩子去想象"独钓寒江雪"呢？

正好这几天降温，很多地方大雪纷飞，我找了一个南京大雪的视频给孩子们看，直观感受大雪的寒冷与壮美。

"在遥远的北方，有千千万万座大山，山里住着可爱的小鸟。春天到了，小鸟们自由自在地飞来飞去，时而停在枝头，为赶路的行人歌唱，时而掠过江面，和钓鱼的渔夫打招呼。"我故作神秘，边说边在黑板上画简笔画。"到了冬天，下起了鹅毛大雪。大雪纷飞，小鸟全都不见了，行人们也不见了。猜一猜，老师在说哪一句诗？"

有的学生猜是《春晓》，有的学生说是《登鹳雀楼》。看来，我说得太隐晦了，只好继续强调："千千万万的大山里，小鸟都不见了。千万千万的大道小路都看不到一个行人。"终于，一只胖乎乎的小手举起来，他说："千山鸟飞绝，万径人踪灭。"

《江雪》这首诗，我让他们读了，自己却没有讲过。

我板书"千山鸟飞"，再问："'绝'是什么意思？""灭绝了！""灭绝是全部都死了。小鸟都死掉了吗？小鸟去哪里了？"

"小鸟冻死了。"有孩子抱住自己，好像很冷的样子。

"如果是懒懒的寒号鸟,可能就冻死了。如果是勤劳的喜鹊呢?"

孩子们叽叽喳喳地抢答:"小鸟躲进山里了!""小鸟飞到南方了。"

"总之,还能不能看见一只小鸟?"

"一只小鸟都看不见了。""千千万万的大山里所有的小鸟都不见了。'绝'的意思就是什么?""飞走了,不见了。"

我一边画雪花,一边问:"大雪纷飞,落在山上,落在小路上,天地变成了什么样呢?""白白的。"

"用一个成语来说是什么?""冰天雪地。"

"冰天雪地,寒风刺骨,你会出去吗?""不出去,好冷!"我本来预设他们要说出去堆雪人、打雪仗的。

"所有人都不出去,躲在家里。千千万万的小路上都看不见一个人影。"我板书"万径人踪灭",又问:"'灭'是什么意思?""看不见了。"

之前,当学生说"绝"是"灭绝"的时候,其实他已经隐约知道,"绝"和"灭"意思相近。我应该抓住这里,试着提一提古诗的对仗,但当时没有把握好机会。

之所以要花这么多时间讲"绝"和"灭"的意思,是因为我要让他们理解"全部都没有了",要读出这两句的辽阔和寂静、凄清和肃冷。"绝"和"灭",要读得短促,即一下子就没有了、断绝了。

"鸟儿全都不见了,飞走了。行人也都一个都看不到了。冰天雪地中,我们定睛一看,看到了什么?""孤舟蓑笠翁。""孤舟是谁的?""人的。""什么人的?他穿着什么?""蓑衣和竹笠。""蓑衣是用什么做的。""草。""斗笠是用什么做的?""竹子。""翁就是老爷爷。"

"冰天雪地,老翁在钓什么?"

"钓雪,钓寒江雪!"

"为什么你说是寒江雪?'寒'是什么意思?"

"很冷!"

"很冷!可是他身上只穿着什么?""蓑衣和斗笠。"

"老翁穿着薄薄的蓑衣和戴着竹斗笠,在冰天雪地里干什么?"

"钓羽毛一样的雪!"

学生们七嘴八舌,这一句当时我没有抓住,应该追问一句,为什么是羽毛一样的雪,引导学生想象鹅毛大雪的情景,去理解"千山鸟飞绝,万径人踪灭",引导学生代入老翁的角色,猜猜老翁心里会想些什么。

"钓鱼,下大雪了,他快饿死了!"

"就快饿死了。可是江水都结冰了。江水里还有鱼吗？他不一定能钓到鱼。老翁穿着什么？他冷不冷？他想要什么？"

"他想要衣服。取暖。"

"寒风刺骨，又冷又饿，老翁想要取暖，为什么不回家？"

"因为他只有一个人，没有家人。"

"从哪里看出他只有一个人？""孤、独。"

"他一个人孤独地钓了一个冬天，大雪一直在下，会停吗？""不会停。""永远不会停吗？他在等什么？"

"等春季！春季到了，春回大地，冰雪融化，雪就停了。"

"雪总会停，然后就是春暖花开。英国有个诗人说，'冬天来了，春天还会远吗'？"

"柳宗元在等什么呢？唐顺宗永贞元年，柳宗元参加了以王叔文为首的政治革新运动。由于保守势力与宦官的联合反攻，致使革新失败，因此，柳宗元被贬官到有'南荒'之称的永州。他在任所名为司马，实际上是毫无实权而受地方官员监视的'罪犯'。官署里没有他的住处，他不得不在龙兴寺的西厢里安身。柳宗元自从被贬到永州之后，精神上受到很大刺激，倍感压抑，他就借描写山水景物，借歌咏隐居在山水之间的渔翁，来寄托自己清高而孤傲的情感，抒发自己在政治上失意的郁闷苦恼。于是，他怀着幽愤的心情，写下了这首令人传颂的名诗。"

"请齐读古诗，请读出老翁的孤独，读出老翁的等待。"

部分孩子还是做不到，但起码比讲解之前读得有感情了一些。

"请你听听老师是怎么读的，注意，老师哪个字读得特别慢、特别长，哪个字读得特别快、特别短。"

吟诵讲究平长仄短，他们很快找出了读得最慢、最长、最快、最短的字。标上符号后，我带着他们做手势读。我带着他们读，大部分能跟着吟诵。我不带读的时候，有点乱，但三分之二左右的孩子能跟着手势读。没有手势的时候，就更乱了。有的孩子干脆全部忘了，但个别孩子像模像样的，还有自己的唱腔。

其中一个孩子，上课伊始，我在讲诗，他在看漫画书。这一检查，他总是把"翁"读得特别快。教了好几次，他还是读不准。突然，他拿出黑笔在白板上画线。这让我特别惊喜。因为一年级时我只教过一次这样画线。没想到他还记得，还会举一反三。"您教过我们，我的名字是这样子画的，泽——宇"他一边画线一边吟诵自己的名字。

其他几个小孩有样学样，也画起来。几个孩子开始给整首古诗划线，小宇有些字画错了，同学们提醒他，给他拿板擦。随后，五个孩子对着"线谱"，加上手势，吟诵得特别流畅。

【结果与反思】

课堂上，笔者引导学生猜测老翁在等待什么？孩子们的回答五花八门，小星同学竟然也回答出了"春天"。我问他怎么会想到"春天"，他说因为一年级学过："春回大地，万物复苏、冰雪融化，泉水叮咚。"原来这首诗在不知不觉中唤醒了学生过去积累的旧知识。这对没有见过冰雪的广东孩子来说特别不容易。他打开了思维，放飞了想象。

在老师没提醒的情况下，小宇同学自觉地利用老师以前教的给名字标声调、画线条的方法来辅助吟诵，是笔者本节课收获的另外一个惊喜。他能够举一反三，在吟诵中读出自己对古诗的理解。他的迁移运用能力难能可贵。这提醒我要加强对古诗学法的指导。"授人以鱼，不如授人以渔"。加强学习方法的系统化指导，才能提高学生自主学习的能力，提高学生的感悟能力。

最大的惊喜是，大部分孩子都能当堂吟诵，对《江雪》有更深层次的理解。即使是智力发展迟缓的小成同学，也能通过吟诵古诗来记忆。

披着大红斗笠，彳亍万里，孤独地守着冰天雪地。笔者以为只能钓到一江风雪，不曾想，也能钓到温暖，也能钓到春暖花开。

案例原作者信息：珠海平沙实验小学 邱诗梦

案例1点评：

这是一个精彩的课例，既有鲜明的语文学科专业特色，也在教学中努力追求学生创新思维的发展，有很多值得肯定的地方。

第一，注意用多种手段调动、训练学生的想象能力。南方的孩子大多没有见过下雪，加上年龄小（小学低段），积累的古诗也不多，这就造成他们在理解《江雪》这首古诗时不仅缺乏生活经验、直观感受，也缺乏必要的知识积累。面对这些教学难题，邱老师用简笔画、下雪的视频以及语言描述，来帮助学生们想象下雪的景象，并用学过的关于寒号鸟的知识来丰富这些想象。当然，对学生的想象训练不止于雪景，邱老师还带着孩子们进入《江雪》的意境，由寒冷、下雪进一步去想象"千山鸟飞绝，万径人踪灭"的画面、感觉，并进一步去想象此种背景之下"孤舟蓑笠翁，独钓寒江雪"的凄清、孤寂境界。这堂课里的想象训练，是由语词进入粗浅感觉，然后深入一种氛围、境界。随着学习的深入，学生的想象也越来越细致、清晰、深邃，创造性想象非常明显。

第二，注意辨析语词含义，以追求思维的精准。在教学中，对于"绝"字，孩子们开始按照字面意思去理解，邱老师就带着孩子们，深入文本语言环境，去想象画面，并由寒号鸟、喜鹊在冬天的隐藏（销声匿迹）来引导学生思辨"绝"字在这里的意思。孩子们最终也能够准确说出，这证明了老师引导的成功，这一过程，很好地促进了学生的思辨能力的发展。

第三，这个课例还特别注意学生发散思维的训练。在分析全诗，尤其是后两句诗时，邱老师不仅让孩子们想象画面、想象"翁"的行为，更借助于吟诵、补充作者材料、提问和追问等教学行为，让孩子们体味"翁"的心境，由画面、文字进入抒情对象的心灵世界，所以孩子们最后很自然地得出了"他在等待春天"的看法，既充满诗意，又符合诗的主旨，是"孤独寂寞"之外的创造性回答，是逆向思维、发散思维的合理结果。

当然，这个课例在思维训练上还有其他优点，比如借助学生的肢体动作来帮助学生进行思维训练，这里不再细说了。

案例 2：《雾在哪里》创新思维教学案例

当童心遇见童话
——《雾在哪里》创新思维教学案例

【案例背景】

2019 年 10 月，为选拔优秀选手参加 11 月份举行的广东省第二届中小学语文青年教师教学能力大赛，江门市举行了小学语文青年教师教学能力大赛。笔者带着《雾在哪里》这篇童话与江门市美景小学二年级的学生有了一次美丽的相遇。2019 年 11 月在省赛中，笔者以"当童心遇见童话"为题对《雾在哪里》这篇童话教学进行了说课。

【案例主题】

部编教材第一学段中，散在各册教材的童话共有 29 篇，篇篇精美。置身儿童视野，这是童话教学的永恒基点。切换到儿童的视角，我一遍又一遍地读着这篇童话，童真童趣充盈着心间。本课的教学设计力求从儿童的视角出发，与教材对话，通过童言童语学童话，童真童趣葆童心。

【案例描述】

基于部编版人文主题和语文要素双线结构特点，本课所在单元的人文主题是"想象"，单元语文要素为"展开想象，获得初步的情感体验"。在教学前，老师以作者、读者和教者等多重角色走进这篇童话进行解读，发现《雾在哪里》所在的单元是继一年级上册第六单元后又一个以"想象"为主题的单元。

一、板画引童话——给阅读打个底色

"图画"是语言与形象的中间媒介。童话文是平面的，而绘图能让童话"活"起来！

（一）忆——调动生活体验

一开课，老师请孩子们畅谈对雾的印象和感受，以此调动学生的生活语言，进一步摸清学情。

同学们，在生活中，你见到的雾是什么样子的？

（二）读——整体感知课文

自由读课文，读准字音，读通句子。

（三）画——梳理文章脉络

老师引导学生梳理文章脉络，用童真的手板画渲染有趣的气氛，给童话教学打个底色！

二、雾趣激童趣——为话语增添情趣

（一）聚焦雾的话语

再次整体感知全文，想一想："淘气的雾把什么东西藏起来了？"边读边提取信息，找出淘气的雾说的五句话。

（二）为话语增添情趣

雾的淘气体现在它的五句话中，读好雾说话的语气就能够感受到雾的淘气，体会到童话的趣味！在教学中，老师引领学生创设情境，揣摩雾孩子的心理，想象"雾"的淘气样子，通过角色代入、突出重点、加入语气、体会心理等方式进行梯度朗读。

1.突出重点读

师：雾飞到了海上，雾啊雾，你要做什么？

生：我要把大海藏起来。

师：你要把谁藏起来？

生：我要把大海藏起来！

师：真好，突出"大海"读，读出了你的感受！

生：我，要把大海藏起来！

师：你们通过突出重点读，读出了自己的独特感受！

2. 加入语气词体会读

师：大海那么大，你都敢把它藏起来，你胆子可真大！你能加上语气词读读吗？

生：（嘻嘻！）我要把大海藏起来。

生：（嘿嘿！）现在我要把天空连同太阳一起藏起来。

生：（哈哈！）现在我要把海岸藏起来。

生：（哎呀！）现在，我该把谁藏起来呢？

生：（嘘！）我要把自己藏起来。

师：加入了语气词，你们的朗读就更加有趣了！

3. 体会心理读

师：你为什么要把大海藏起来？

生：把大海藏起来太好玩了！

生：我要和它捉迷藏！

师：捉迷藏？快快快，躲起来，嘘——

生：（轻声）我要把大海藏起来！

师：从你们的朗读中，老师好像看见了那个淘气的雾孩子！

通过朗读、想象，移情入境，将内容的理解、语言的揣摩、情感的体验都融合在了一起。读中想，想中读，读出了"形"，读出了"神"，雾孩子的淘气形象活灵活现！孩子的童真童趣得到了充分的释放！

最后，把雾孩子的五句话放回课文，在语境中读和品。给予学生充分品味文本的时间与空间，享受与文本自由对话的乐趣！

三、品悟促思维——帮表达搭个云梯

课标指出，在发展语言能力的同时，学生要发展思维能力，学习科学的思想方法。部编版教材一个很大的特点就是"关注思维"。

细读课文，我们发现第三、四自然段的结构有共同点，都用了"我要……""于是……"和"无论……还是……都……"这几组句式。第六自然段的表达有了一些变化。

在教学中，老师捕捉这一语言现象，从样例入手，帮表达搭个云梯，引导学生通过比较，发现异同，练习说话，落实语用，从而达到训练学生思维的目的。

基于此，教师在教学时通过歌谣对答、推测对比等方法，让学生进一步感知、了解与把握这种言语特征。

（一）歌谣对答——感受相同的构段特征

"我要把大海藏起来。"　　　　　　"现在我要把天空连同太阳藏起来。"
于是，他把大海藏了起来。　　　　于是，他把天空连同太阳一起藏了起来。
无论是海水、船只，　　　　　　　霎时，四周变暗了，无论是天空，
还是蓝色的远方，　　　　　　　　还是天空中的太阳，
都看不见了。　　　　　　　　　　都看不见了。

老师这样和学生进行歌谣对答：雾啊雾，你怎么说？雾啊雾，于是你怎么做？雾啊雾，结果呢？

聚焦课文的三、四自然段，学生通过歌谣对答不难发现，"这两段话长得很像，就像一对双胞胎"，并品味两段的相同构段特征。

（二）推测对比——体会表达的多样性

品味三、四段的构段方式后，教师提供第六自然段海岸的景物，让孩子们运用三、四段的构段方式推测一下第六段"雾来到岸边"的情景！教师通过猜想的方法，让学生进一步体会反复的言语特征。

师：海岸有房屋、街道、树木、桥梁、行人、小黑猫……

师：你能用上面三、四段的关联词"无论是……还是……都……"来描绘海岸被雾笼罩的情景吗？

生：无论是海岸，还是城市，都看不见了。

生：无论是房屋、树木，还是桥梁，都看不见了。

生：无论是行人，还是小黑猫，都看不见了

孩子们在运用上文的构段方式推测下文的过程中会发现，海岸的景物特别多，一个关联词无法表述清楚。那么，课文又是怎么写的呢？

（出示第六段）雾把海岸藏了起来，同时也把城市藏了起来。房屋、街道、树木、桥梁，甚至行人和小黑猫，雾把一切都藏了起来，什么都看不见了。

学生朗读第六段，发现语言表达的不同，体会语言表达的多样性。

四、创编扬童心——为想象插上翅膀

当表达有了支架，童心就插上了翅膀！此时，老师为孩子们创设情境，让孩子们进行小组合作并创编。

师：淘气的雾还会跑到哪里呢，把谁藏起来？雾也许还会来到这里：树林、花园、校园……

生：雾把（　　）藏了起来……

师：雾把他们藏起来之后的景色是什么样的呢？

无论是（　　），还是（　　），都（　　）。

师：原来你们也可以做一个小小的童话家！

有了前面的铺垫，孩子们的创编水到渠成，丰富多样的创编让童心飞扬！

【结果与反思】

"大道至简"，语文课必须返璞归真，体现一种简约之美！以上活动逐步递进，螺旋上升，学生从句子的概念经历了一个从感知、迁移到运用的过程。变"教课文"为"用课文教"，将"感悟内容"与"学习语言，揣摩表达"有机结合，将"学习表达"与"运用表达"巧妙融合。在这样的过程中，学生学习语言，感悟语言，习得语言的规律，进而形成运用语言的能力！

从童话的角度去诠释，童话所表现出来的应该是一种"感性"，"感性"的教学是对学生个性的尊重，是让人文关怀和民主气息溢满课堂。快乐的感觉很简单：给每一个孩子空间，让真善美浸润孩子的心灵，让孩子在童话中遇见最美的自己！

案例原作者信息：江门市紫茶小学　刘斯岚

案例 2 点评

刘老师的这个课例，贯彻了语文课程标准"在发展语言能力的同时，发展思维能力"的教学理念，在注重发展学生的创新思维能力方面做出了很好的示范。

第一，针对教学对象《雾在哪里》是一篇童话的文体特点，在教学过程中，注重发展学生的想象能力。刘老师带着学生，先从课文文字出发，借助于语言描绘、画板画画等手段，想象课文里的图景，这是基于"有"的想象，是从文字到画面的想象；接下来，让孩子们想象雾孩子还会出现在哪里，又会是什么景象，这就从课文拓展到了广阔的社会生活，是依据雾的特点，从"无"处开始的想象，是带有儿童眼光的创造性想象。

第二，既注重聚焦思维训练，也注重发散思维训练。在教学中，为了让孩子们理解童话的想象性特点，刘老师让孩子们首先聚焦课文中雾孩子所说的几句话，在多种读法训练的基础上，去感受雾孩子的"淘气"，这是对于雾孩子的语言表达的聚焦。在讲解"岸"的含义时，刘老师先出示范例，然后进行知识迁移，完成模仿中的发散思维训练。后面的猜想——雾来到岸上会发生些什么——的训练环节，孩子们借助于课文句式，说出各种各样的情景，也是一种发散性思维训练。这些训练，不仅丰富了孩子们的语言表达，也提高了他们的思维能力。

第三，课例还注重对比分析，注重教给学生方法，有效地提高了学生的鉴别、赏析能力。如对课文三四段构段方式的分析，在歌谣对答中完成对比，既有趣又有效，训练了孩子们对文段的观察和逻辑分析能力。更妙的是，刘老师还带着孩子们把这两段的构段特征运用于后面几段的分析中，让他们去模仿，这是一种很好的知识迁移运用，对于学生创造性思维发展有积极的推动作用。

当然，如果在课文教学基本完成以后，刘老师能够带着孩子们探讨一下雾孩子会给我们带来哪些不便以做一些逆向思维的思考，就更好了。

【参考文献】

[1] 朱智贤，林崇德 . 思维发展心理学 [M]. 北京：北京师范大学出版社，1986.

第七章 数学教学中的创新思维训练

【引言】

数学是研究数量关系和空间形式的一门科学，数学作为对于客观现象抽象概括而逐渐形成的科学语言与工具，不仅是自然科学和技术科学的基础，而且在人文科学与社会科学中发挥着越来越大的作用[1]。数学教学的重要工作、主要工作就是发展和创新学生的数学抽象运算、逻辑分析等思维能力，由此数学常被称为是"思维的体操""思维的科学"[2]，"数学教学要充分暴露数学思维过程"[3]的观点至今仍有广泛的指导意义。创新与创造力是学生发展核心素养的重要指标，该指标在现行的义务教育数学课程标准[1]中出现的频率高达10次以上。由此可见，如何在小学数学课堂培养学生的创新精神和创造能力是教学的要求，同时也是数学教育工作者一直关注的热门课题。

在数学教学中培养学生的创造力和创新思维主要表现为在数学学习的过程中，教师如何教会学生独立思考和解决数学问题，主动提出数学猜想，拥有独特、新颖的数学见解以及善于探索的创新精神。这需要教师针对当前小学数学课堂亟待解决的实际问题做出有效的策略分析，借助真实教学案例的展示和评析来进一步说明如何通过整合教学内容、精心设计教学、有的放矢地应用信息技术、创新教学模式等方法来提高对学生创新思维的训练。

【本章要点】

● 数学教学中创新思维训练的现状
● 数学教学中创新思维训练的方法与策略
● 数学教学中创新思维训练的案例

第一节　数学教学中创新思维训练的现状

当前小学数学教学课堂中，创新思维训练的开展和实施是欠缺方法和途径的。从教的方面来讲，教师通过简单提问将书本知识传授给学生并要求学生"记住、背会"的现象是较为普遍的。所谓的引导启发，往往转变为教师语言上的鼓励；所谓的动手实践，往往转变为学生在执行教师的指令。即使有教师积极尝试在数学课堂中开展创新思维训练，但往往局限于将创新思维训练作为教师引领课堂教授知识的附带产品。学生处于被动接受的地位，学生自主创新、思考和构建思维体系的教学活动少之又少，因此学生创新思维能力培养与发展的效果并不显著，教学成果也不理想。从学的方面来讲，小学生常常认为学数学就是学算数；只有照搬老师的做法才是正确的，数学课只能听讲，不能观察、实验、猜想；数学题做得没有好与坏，只有对与错，评判标准都在老师那里。这些看似普通的想法却反映出小学生们的学习态度和学习方式，若以此方式和态度学习数学，学生的创造能力是得不到发挥和发展的。

基于此，我们有必要进一步强调数学教学中创新思维训练的重要性和必要性。对于小学数学教学而言，探索、分析与解答的过程是教学的核心，而教学过程中的创新思维训练是关键手段，这样才能达到不仅仅让小学生学会数学知识，更要从小习得一种思维方式的教育目的。事实上，小学阶段孩子形成"记数学、背数学"的学习方式，将会影响他们未来一生对数学创新思维的探索精神。这种学习精神的丢失看上去不算什么，但它和人们不会组织语言思考和交流一样，更何况，他们是丢失了数学这一最高级的语言。

第二节　数学教学中创新思维训练的方法与策略

在分析了数学教学中创新思维训练的现状之后，如何根据实际情况有效地在数学教学中开展创新思维训练，有以下几个方法和策略供参考。

一、课程教学设计注重贯彻以培养学生创新思维能力为目的的教学理念

"如何教会学生思考"是教师设计数学教学的重要意义和价值[4]，对于小学生学习数学知识来讲，动手实践、自主探索与合作交流更利于激发他们思考的创新性。教师通过创新教学环节，要让数学学习活动成为一个生动活泼的、主动的和富有创造性的过程，要恰到好处地把"学数学就是做数学"的新数学教学理论放到实处。

例如，教师设计角色互换的教学环节，让这些"小老师"们站起来、走上来、说起来、做起来、动起来，充分地表达自己的数学思想和创意。对于小学阶段的孩子们来说，他们更乐于去探索数学游戏。教师在教学中可借助于适合不同年龄、不同场景的数学游戏，让学生在探索游戏解决问题的过程中进行创新思维训练，比如折纸、数独、积木等。通过课件激趣、抢答发言、小组配合、评优得奖，新颖感性的教学方法激发了孩子们的好奇心，使他们的数学思维越来越敏捷、数学成绩越来越进步。

二、关注数学教学中教学对象的年龄和教育心理

根据该学科抽象度高、逻辑性强的特点和该年龄段教育对象的心理特点，学生的思维活动常常受到定势、功能固着、情绪、动机等心理因素的影响。[5]低年级小学生的思维方式停留在具体的形象思维，看待数学问题的角度比较局限，多停留在表面层次，而高年级小学生的思维有开始向抽象思维转变的苗头，但是还缺乏系统性和理论支撑，需要教师的点拨和提醒。总体来讲，小学生的知识储备少、学习经验不足，还缺乏严密的数学逻辑思维能力，但是他们有强烈的好奇心和求知欲，并善于运用多角度的发散思维。教师课堂教学的开展应关心和注重学生的心理因素，学会调动学生发展思维活动的积极性，有足够的耐心和信心引导他们去发现数学问题、多方面地思考数学问题。

例如，当一年级刚入学的小朋友在学习10以内的加减法、数的合成和分解的时候，由于他们还处于幼儿期到儿童期的过渡阶段，并不具备对数学问题的审题能力和分析能力，所以在解题中经常会不假思索地解错。此时他会感到不自知的挫败感，这时若收到了老师的鼓励或者一定思维的启迪，他产生的积极的心理和情感因素会促使他在后面的数学活动中创造性地冒出一个又一个好的想法，这些迸发出来的想法何尝不是创新思维的体现呢！

三、在数学建模教学中培养学生的创新思维能力

小学生已经开始对"有用"的数学更感兴趣，因此课堂教学内容需要贴近学生实际，挖掘教学内容中的数学建模思想和数学建模元素，对实际问题增加探索与讨论环节，培养他们的联想力，适时地建立数学模型，这对于小学生创新思维的训练和养成是卓有成效的。

例如，"平行与垂直"一课的教学情境引入："同学们，你有两支笔不小心掉到了地上，请大家开动脑筋想象一下，两支笔掉在地面上是怎样的位置关系？同学们可以拿出自己的两支笔在桌面上试着摆一下，然后把你所能想到的画在一张白纸上。画完之后小组内讨论，并将你们组画的位置图画在黑板上。"我们看到即使是生活中简单的事物（两支笔）也可以建立数学模型（两条直线）。学生们发挥想象，动手画直线的位置关系。这样的建模训练既让学生们在动手画的过程中体验两条直线的位置关系，又锻炼了他们的思维能力。

四、利用教具和信息化手段促进创新思维训练

任课教师利用几何图形、剪纸、积木和卡片等丰富多彩的教学工具给学生最大的数学感知，并学习和掌握、运用多媒体教育信息技术以适应快速发展的教育教学方式。教师善于合理地运用信息技术辅助课堂教学可实现原有的教学手段难以达到甚至达不到的教学效果，尤其是对于直观、动态的多元几何表征更易于激发学生的创新思维能力。

例如，"旋转"这一课的教学片段："大家看老师手上的这个是什么呢？对了，风车！这个风车在做什么运动呢……接下来同学们再观察老师手上的风车。老师的风车转了两次，这两次的旋转有什么区别呢……"教师通过让学生观察风车的两次转动情况及钟表秒针转动情况，引导学生们自己发现共性，这是对创造性思维很好的启发和引导。在该节课程中，教师也可借助于信息化手段在演示文稿中引入电子风车、电子钟表、电子摩天轮等会旋转的电子实物。形象有趣的旋转更利于激发孩子们思考的兴趣。

五、创设新颖的数学课堂教学环境促进创新思维训练

教师在授课中要善于调节和调动课堂气氛，因为学生需要一个轻松愉悦的学习环境和学习氛围，适当和他们交谈，聊聊生活趣事，也可以通过讲故事（比如伟大数学家们童年的故事）、做游戏等方式，来为学生主动创造让思维开阔的课堂环境。又如，来一场"说走就走的数学课"，将某一堂数学课搬到

户外操场或者图书馆，借助操场上的百米跑道和图书馆的绘本数学故事等进行现场教学，这将是多么别开生面的数学课。学生的积极性会马上被调动起来，思维的翅膀也会随之展开。

图 7-1 展示的是佛山市南海区狮山实验学校朱斯媚老师带领四年级的小学生们在操场上进行的一节数学思维拓展课。朱老师说："因为从来没有试过数学课在操场上进行，所以这次走出课室的尝试，让学生异常兴奋。课程内容为数学的规律的练习。学生已具备一定的知识经验，无需老师再进行讲解，摒弃了老师讲、学生听的枯燥模式，所以在拿到卷子后立马开始小组探究。在练习题的完成过程中，老师还发现，小组合作除了能进行头脑风暴外，还涌现出了一批组织能手、领导能手。各组的小组长为了能既快又准地完成任务，开始对小组成员进行分工，分配哪几个人完成哪几题，而且思维活跃的同学，还对题目的规律进行讲解，让同组组员按照相关规律或者衍生规律进行解题。这样的一节课，让学生充分发挥了自己的主观能动性。在开阔的操场，学生能自由地表达自己的观点、想法。"

图 7-1　数学思维拓展课

六、灵活处理课堂教学中规模化与个性化之间的矛盾

教师的数学教学活动往往面对的是一个整体教学班，学生的思维活动迥异、数学思维能力差别较大，这需要教师优化教学模式、调整教学方式，多途径、多手段地促进每个学生创造力的发挥。小学生，尤其是低年级的小学生，他们的创新思维是乐于表达和容易被观察的，课堂上教师要善于见微知著，细心观察学生的反应，争取发现学生新颖的观点，鼓励学生大胆地说出自己的创

新想法。在讲解数学题目的时候，我们经常会遇到一题多解的情况，此时，教师应善于利用各个学生的发散思维，启发和引导学生从不同角度、不同方法入手给出自己的解答和求证，并卓有成效地鼓励学生勇敢地表达自己不同的见解。除了常规教学以外，数学思维兴趣小组、社团活动和竞赛等也有利于个性化的数学思维训练。

七、发挥实验教学在提高数学教学中创新思维能力方面的积极作用

教育部印发的《关于加强和改进中小学实验教学的意见》已将学生实践操作、情境体验、探索求知、亲身感悟和创新创造等实践性活动都纳入实验教学体系，并明确指出"实验教学既是重要的教学模式、教学方法、教学手段和教学环节，也是学科教学的重要内容"，以达到"着力提升学生的观察能力、动手实践能力、创造性思维能力和团队合作能力，培养学生的兴趣爱好、创新精神、科学素养和意志品质"的目的。由此可见，实验教学是数学教学中创新思维训练的有效手段和方法。

那么如何在小学数学学科教学中融合实验教学？这需要数学任课教师提高自身的实验教学水平，有目的性地开展数学学科实验教学。事实上，学生通过自己的思维和实际活动获得对数学知识的理解，让学生以一种与科学家、工程师类似的方式进行数学学习，并以此来发展他们对数学科学活动的热爱，培养他们的创新精神和动手解决实际问题的能力就是数学学科有效的、积极的实验教学。

八、积极开展教研促进教师自身创新思维能力的提高

为了有效地促进学生的思维从固定思维向创新思维发展，教师首先应该拥有感受和发现创新思维的眼睛和耳朵，这样才能有效地发展学生的创新意识。数学学科是具有传承性的基础性学科，其理论基础丰富，教育资源需要共享。因此，鼓励数学任课教师积极开展关于教学中创新思维训练的学科论文写作、研究课题申报、校本课程研发、同课异构等教研活动。集体的智慧、理论的支撑是有效地提高教师创新思维能力的手段。

例如，在广东第二师范学院番禺附属小学，借助"培养专业化教师活动"平台，六年级数学学科教研组开展了"通过创新思维训练探究提高阴影部分面积计算的成功率"的教研活动。该教研活动主要针对六年级学生在综合运用以往学习的所有的平面图形的计算公式的时候，学生往往出现混淆不清和固化思维导致阴影部分面积计算正确率普遍下降的现象。该教研组成员共同制订基本

教学策略，即通过合作的探究活动，利用直观手段，让学生善于思考和创新解答方法。该教学策略已运用于教学实践并取得了良好的教学效果和教学成绩。

总之，教师要认识到自身的数学知识体系是相对完整和有一定高度的，做题思路也相对固定。但是小学生们尚没有形成数学的思维体系，在教师看来很简单的问题，小学生们往往会想得天马行空，但是也恰恰因为这个原因，他们的可塑性非常高，他们的想法往往多变而且出奇，数学思维的创造力很强。我们都清楚地知道，需要学习的数学知识是有限的，而孩子们的想象力却是无限的。因此，教师在教学中绝不可以随意遏制孩子们思维的翅膀，请把属于他们的课堂天空留给他们，让他们尽情地展翅翱翔！

第三节　数学教学中创新思维训练的案例

本节我们对从创新实验区基地学校收集来的能够反映数学学科教学中创新思维训练的数学教学案例进行呈现和点评。这些源自真实小学数学课堂的教学案例提供了丰富多样的素材，希望读者能够从中获得如何在数学教学中开展创新思维训练的方法和启示。

案例1：人教版三年级数学下册6.3长方形、正方形面积计算

【案例背景】

新课程标准在"数学思考"方面提出"丰富对现实空间及图形的认识，建立初步的空间观念，发展抽象思维"的目标。我们知道小学低年级学生以具体形象思维为主，中年级学生正在从具体形象思维向抽象思维逐步过渡，高年级学生的抽象思维能力已有一定的发展，但学生的思维还是要靠形象来支撑。在新课程教材使用的过程中因为强调直观操作较多，教师对由形象到抽象的过程认识与研究不够，所以数学课堂呈现出这样一种普遍现象：低年级的课堂适当的抽象不够，中、高年级的课堂直观操作不够，抽象太早。本人所上的"长方形、正方形面积计算"这一课的设计和实施颇具匠心。如何在中低年级培养形象思维的过程中，发展学生的抽象思维，本人认为要通过以下几个环节进行。

【案例主题】

让数学活动更有利于发展学生的抽象思维能力——长方形、正方形面积计算教学案例

【案例描述】

片段1：猜想与验证

（1）猜想。

师：猜一猜长方形的面积可能与什么条件有关？

生1：长方形的面积可能与周长有关。

生2：长方形的面积可能与长有关。

生3：长方形的面积可能与宽有关。

生4：长方形的面积可能与角有关。

（2）验证。

①课件动态展示：长方形的长变长（如图7-2所示）。

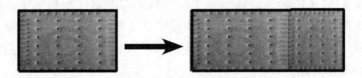

图7-2　长方形的面积变化

生：长方形的长变长了，面积变大了。

②课件动态展示：长方形的宽变长。

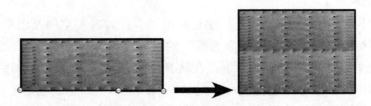

图7-3　长方形的面积变化

生：宽变长了，面积变大了（如图7-3所示）。

③小结：长方形的面积与它的长与宽有关。

片段2：操作拼摆

师：长方形的面积与长、宽有怎样的关系？

学生根据活动要求进行拼摆操作。

活动要求：

（1）摆一摆：用面积 1 平方厘米的正方形拼出不同的长方形。

（2）填一填：摆完后把相关数据填在表中（见表 7-1 所列）。

（3）小组交流：观察数据，说一说你发现了什么？

表7-1　长方形面积变化表

图形	每行摆的个数	行数	长方形的面积（平方厘米）
……	……	……	……

学生通过动手操作、观察、讨论发现了：每行摆的个数 × 行数 = 面积。

片段 3：抢答游戏

师：看谁能又对又快地说出下面长方形的面积（如图 7-4 所示）。

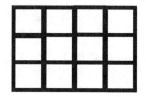

图 7-4　长方形

（1）生：这个长方形的面积是 12 平方厘米。

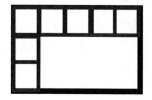

图 7-5　长方形

（2）生：这个长方形的面积是 15 平方厘米（如图 7-5 所示）。

师：每行摆了几个？这样不摆满，怎么知道第二、三行有几个呀？

生：每行摆 5 个，摆了 3 行，所以第二、三行也是摆 5 个。

图 7-6　长方形

（3）生：是 10 平方厘米（如图 7-6 所示）。

师：这个长方形没有摆面积单位，你是怎样看出面积是 10 平方厘米的。

生：这个长方形中的 1 小格长是 1 厘米，可以看成是边长 1 厘米的小正方形，一行有 5 个小格，就是 5 厘米，有 2 行，所以面积是 10 平方厘米。

师：也就是说这个长方形的长是几厘米？宽是几厘米？

生：长是 5 厘米，宽是 2 厘米。

图 7-7　长方形

（4）师：这个长方形连小线段都没了，怎么办（如图 7-7 所示）？

生 1：摆小正方形。

生 2：用尺子量。

师：量哪里？

生 2：量它的长和宽。

教师用课件表明：用尺子量，长方形的长是 6 厘米。

师：量出长为 6 厘米，就可以想到什么？

生：长为 6 厘米就是一行摆 6 个 1 平方厘米的小正方形。

课件演示，验证学生的说法。

课件演示，用尺子量出宽是 3 厘米。

师：量出了长方形的宽为 3 厘米你又想到什么？

生：宽 3 厘米就是要摆 3 行。

课件演示，验证学生的说法。

（5）小结：这就是说每行摆的个数就是长方形的（　　），摆的行数就是长方形的（　　）（板书：长、宽）。

（6）归纳公式：

师：谁来说说长方形的面积与它的长、宽有什么关系。

根据学生回答，教师板书：长方形的面积＝长 × 宽

【结果与反思】

"长方形、正方形面积的计算"这部分内容的教学，是在学生已经掌握了长方形和正方形的特征，并会计算长方形和正方形周长，知道了面积和面积单位的基础上进行教学的。理解与掌握长方形、正方形面积的计算方法是本节课的重点。难点是长方形的面积计算公式的推导过程。结合以上的教学片段，在如何培养中低年级学生的形象思维的过程中，如何发展学生的抽象思维，有以下几点值得深思：

（1）巧设疑问，培养学生的抽象思维能力。

"学起于思，思起于疑"，人的思维活动常常是由"问"开始。因此，在数学课堂中，教师要善于精心设计问题，激活学生思维，提高课堂教学效果。在片段1中，我设疑让学生猜一猜：长方形的面积可能与什么条件有关？这个问题一石激起千层浪，学生们纷纷根据已有的知识经验，进行思考、猜想，有的说与"周长"有关，有的说与"长"有关，有的说与"宽"有关，还有的说与"角"有关。到底自己的猜想对不对呢？这些问题直指向学生思维的兴奋点，驱使学生带着满腔热情和炽热追求投入认识新知的活动中。

（2）注重动手操作，丰富学生的表象，发展学生的抽象思维能力。

表象的基础是感知，所以教师要尽可能地丰富学生的感知，要运用观察、操作、实验等多种形式，调动学生的多种感官参与感知。在片段1中，学生观察一组由长和宽变化而引起面积变化的长方形，让学生直观感知到长方形的面积与它的长、宽有关，使学生的思维有一定的指向和集中，并唤起进一步学习的需求。在片段2中，学生们小组合作，拼摆不同的长方形，丰富感性认识，通过观察表格中的数据，发现长方形的面积与每行摆的个数、行数之间的关系规律，为后面抽象概括公式奠定坚实的基础。这一系列活动的目的是积累丰富的表象思维，而这些表象思维在学生的形象思维向抽象思维的上升过程中起着重要的作用。

（3）巧设活动，为发展学生的抽象思维搭桥铺路。

学生抽象思维的发展不是一蹴而就的，而是需要教师在教学中丰富学生的直观感知，有意识地逐步培养学生的抽象思维，这就需要教师在教学中巧设活动，为发展学生的抽象思维搭桥铺路。在片段3中，学生通过动手操作、观察、讨论发现了每行摆的个数 × 行数＝面积这一规律后，我并没有急着推导

出长方形的面积计算公式，而是利用抢答长方形面积的游戏，即从先铺满整个长方形才能够数出面积单位的个数开始，到只铺一行一列就可以求出面积，再到没有摆面积单位只用小线段隔开来求面积，最后到什么都没有，需要用尺量长、宽来算出面积。在这个过程中，学生从直观到半直观到抽象，自己发现规律，构建长方形的面积与长、宽之间的关系，并从关系规律中，获得长方形面积的计算方法。这一系列活动让学生真正明白为什么长度乘长度等于面积，使学生的思维实现从一维向二维过渡的质的飞跃，从而帮助学生建立空间观念、发展抽象思维。

培养学生的抽象思维能力不是一朝一夕就可以取得明显成效的，它是一个系统过程。教师在教学过程中，要根据教学目标以及学生的特点，选用合理的方法，设计各种活动，循序渐进，引导学生逐步学会抽象。

案例原作者信息：广东第二师范学院番禺附属小学 黄燕英

案例 1 点评：

引导中、低年级小学生由形象思维向抽象思维的转化是该年龄段教学中培养创新思维能力的关键之一。在该教学案例中，教师设计的教学探究活动是较丰富的和具有"启发意识"的，学生自主表达见解的机会很多。通过课件动态展示"长方形饼干的长、宽变化"，孩子们的注意力会更容易被生活中的实物所吸引，他们会好奇地观察"饼干是如何长大的"。接下来，在"问题串"式的逐步深入的探究类题目中，学生能够快速将碎片化信息进行整合，快速地去思考计算"无支架"的长方形的面积。教师在处理教材时对课本的内容做了适当的加深和推广，这样既锻炼了学生解决问题的灵活思维能力，又引导学生学会举一反三和总结归纳，进而使学生数学学习的抽象思维完善和创新。

案例 2：人教版一年级数学下册 7.1 找规律—例 1

【案例背景】

"找规律—例 1"是笔者作为新教师，准备说课比赛的公开课。本节课的教学对象是一年级学生，他们具有性格活泼、思维活跃、表现欲强、善于观察的特点。

【案例主题】

"找规律"属于人教版小学数学一年级下册第七单元的教学内容。本课的教学重点为：体验找规律的全过程，理解规律的含义，掌握找规律的基本方法。本课的教学难点为：表述发现的规律，并运用规律解决问题。

"有规律的排列"需要具备三个条件：核心元素、核心元素重复排列、重复出现的次数要大于或等于三次。小学一年级的学生，年龄小，思维不够完善，要准确地理解何为"有规律的排列"是一项不小的挑战。学生在探索和尝试中，对规律的理解，可能会出现不同情况的偏差。这就需要教师善于利用学生的课堂生成，引导学生自主辨析和总结，方能更好地发展学生的观察、辨析、总结的潜能，并真正地做到从学生的学情出发，把课堂还给学生，发展学生的创新思维。

【案例描述】

课前，笔者以"谁是记忆大师"的游戏导入本节课的主题，限时 15 秒记忆两串数排列：395267318 和 728728728。此时，笔者抛出疑问："哪一串数字更容易记住？""为什么第 2 串数字更加容易记住呢？"学生在经历了记忆、对比之后，自主发现第 2 串数的排列是有规律的，所以方便记忆。接着，笔者追问："你能找出其中重复的一组数字吗？""能找出几组？"笔者打算揭示规律核心，总结 728728728 的规律是按 728 三个数字为一组进行重复排列。

笔者以一个小小的记忆大师的游戏，通过学生喜欢的方式，渗透了本节课关于"有规律的排列"的核心概念，使学生对"重复的一组"有一个大概的了解，为学生深入学习本节课，打好了基础。

接着，本节课对主题图的探索分为两个部分。其一，笔者和学生共同探索主题图中，2 个为一组的▽▼排列，引导学生总结规律。此环节学生掌握得较好。其二，通过小旗排列，初次明确"规律"的含义之后，笔者布置学生自学 3 个为一组的🏮🏮🏮灯笼排列、4 个为一组的🎈🎈🎈🎈气球排列。

学生在探索灯笼图和气球图时，出现了 2 个圈为一组的答案。原因是没有真正理解何为"重复"。

于是，笔者抓住课堂生成，突破"重复"的概念，理清规律的含义。对比图 7-8、图 7-9，笔者引导学生用读的方法来判断圈的对不对，先读图 7-8，红蓝、蓝红、蓝蓝，每读 1 组，停顿一下，通过听觉和视觉的结合，使学生感知圈的每一组是不相同的。然后，笔者提问："这样圈，每一组相同吗？""不相同的话是重复排列吗？"从而引导学生明晰"重复"的要素是圈的每一组都相同。之后，笔者再让学生读出图 7-9，红蓝蓝、红蓝蓝、红蓝蓝，动用视觉和听觉，发现图 7-9 圈的每一组都相同，再次让学生理解"重复"的概念。

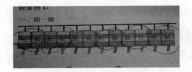

图 7-8　灯笼图　　　　　　　　　　　　图 7-9　灯笼图

接着，笔者引导学生对比图 7-10、图 7-11，让学生自主发现图 7-11 圈出了重复的一组。图 7-10 圈的第 1 组是 🌰⚪，那么第 2 组也应该是 🌰⚪。但图 7-10 圈的第 2 组是 ⚪💗，和圈的第 1 组不一样。笔者通过提问和分析，再一次让学生明晰规律的含义。

图 7-10　气球图　　　　　　　　　　　　图 7-11　气球图

该片段利用学生的课堂生成，引导学生自主观察、对比、发现，并使其通过读一读、圈一圈的方法来理解何为"重复"，进一步理解规律的含义。

为了突破本节课的难点，即表述发现的规律，并运用规律解决问题，笔者选用了课本 85 页的"做一做"（如图 7-12 所示），检验学生是否能够自主创造规律，也侧面反映学生是否真正理解规律的含义。

图 7-12　花伞图

通过巡查学生的课堂作业，笔者发现：以 2 朵花、3 朵花为一组的创造都没有问题，但部分学生出现以 4 朵花、5 朵花、6 朵花为一组的情况。重复的部分没有达到 3 组，均不能呈现完整的、有规律的排列（如图 7-13、图 7-14、图 7-15、图 7-16、7-17 所示）。

图 7-13　花朵图

图 7-14　花朵图

图 7-15　花朵图

图 7-16　花朵图

图 7-17　花朵图

　　以上的课堂生成，说明了学生还未理解到"重复的部分至少是 3 组才能称为有规律的排列"。于是，笔者利用学生生成的作品，顺着学生的思路，根据图 7-13 设置了 4 个问题：这组排列是以几个为一组的？这些花凑成 3 组重复了吗？如果要凑成 3 组重复，应该再补几朵花？补充的花分别是什么颜色？

　　笔者通过以上的问答，突破了学生的认知难点，令学生明晰"重复的部分至少是 3 组才能称为有规律的排列"，使学生更加深入地了解了何为有规律的排列。

【结果与反思】

　　本节课的教学目标是让学生在感知规律的基础上，准确地理解规律的含义，这对小学一年级的学生来说，存在着不小的困难。为了突破这一难点，在本节课的课堂教学中，笔者始终以学生为主，顺着学生的思路，结合学生的课堂生成，了解学生的理解障碍，并利用课堂生成，引导学生自主观察、对比、发现、总结，从辨析中理解何为"有规律的排列"，进而发展学生的创新思维能力。

学生根据自己的生成，经历观察、对比、辨析、发现、总结之后，对何为"有规律的排列"有了更加明确的概念，也更懂得如何判断"何为有规律的排列"以及创造"有规律的排列"。所以，教师在课堂上善用学生的课堂生成，以学生的真实学情出发，真正地把课堂还给学生，更能突破学生的认知难点，锻炼他们的逻辑思维能力。

案例原作者信息：佛山市三水区云东海学校 谢芳

案例 2 点评：

该教学案例通过"谁是记忆大师"把学生引入数学世界，借助问题情境呈现本节课的教学目标，让学生学会从寻找事物之间的相似性、从假如开始，并运用想象力、观察力等软性思维方法突破思维定式和思维枷锁，借助于课堂生成让学生自己思考、自己总结，进而充分理解"重复"的意义。本节课程——找规律——是小学一年级数学各章节中锻炼学生创新思维能力的重要一节，教师可再多花时间、下功夫好好打磨，创建知识生成的过程，适当地、创造性地增加能训练学生创新思维能力的有关"找规律"的有效题目。值得肯定的是，作为年轻教师，她已经上出了一堂展现自己风格、注重创新思维训练又生动有趣的数学课，希望她在今后的教学中更加注重培养数学教学创新思维习惯，每天创新一点点，未来就会创新一大步。

【参考文献】

[1] 中华人民共和国教育部 . 义务教育数学课程标准（2011 年版）[M]. 北京：北京
　　师范大学出版社，2012.

[2] 单尊 . 数学是思维的科学 [J]. 数学通报，2001（6）：1-2.

[3] 张乃达 . 充分暴露数学思维过程是数学教学的指导原则 [J]. 数学通报 .1987(3)：
　　6-11.

[4] 涂荣豹 . 数学教学设计原理的构建——教学生学会思考 [M]. 北京：科学出版社，
　　2018.

[5] 李士锜，吴颖康 . 数学教学心理学 [M]. 上海：华东师范大学出版社，2011.

第八章　英语教学中的创新思维训练

【引言】

英语学科是一门具有双重属性的语言学科，既有工具性，又有人文性。简单来说，它的工具性指的是培养学生用英语来做事的能力，它的人文性指的是培养学生做人的能力。著名英语教育家李筱菊教授认为，英语教育作为总的教育的一部分，它的宗旨应该是培养能思、能感、能够用英语进行交际的人；英语课不是一门单纯的语言技能课程，它还是一门人文课程。英语课程是一门基础文化课程；英语课程肩负着培养学生学科核心素养的任务，具有丰富的育人价值。英语学科没有特定的知识内容，其语言作为文化的载体，除了语言本身的知识外，所负载的内容也包括中文人文科学领域的多种知识，如历史、地理、科学、社会等。

进入二十一世纪以来，创新受到了空前的重视。创新被视为国家和民族振兴的前提和保证，是一个民族甚至国家赖以生存的灵魂，即创新是成为高新人才必备的品质。世界的发展对英语教育提出了新的要求，即英语教育要培养能够解决世纪问题的创新型人才。因此，英语教育需要创新以适应时代的要求。英语教育教学要从单纯的语言教学转变为促进人类交流和发展的学科。

英语不仅是交流的工具，也是思维的工具。语言和思维有"血脉般"的联系，语言和思维、文化密不可分，语言是高层次的思维介质，在思维和文化意识上具有育人功能。英语创新教学需要教师在教学目标、资源、内容、方法、方式、手段等方面做出新的选择或进行新的尝试，同时，要摒弃已经被证明为低效的或不合理的做法。要创新英语教育我们要实现三个方面的超越。第一个超越是英语教学要从聚焦语言逐渐过渡到关注内容，第二个超越是从关注内容逐渐过渡到培养思维，第三个超越是创造思想。英语教育的新境界是从学习英语逐渐过渡到通过英语来学习。2018世界英语教师协会（TESOL）描绘了核心素养背景下中国英语教学的新境界：教育工作者和广大教师要把学习英语转变为通过英语来学习。因此，我们要聚焦语言、关注内容、培养思维、创造思维，把世界带入课堂，让课堂与生活相连，帮助学生们更好地融入未来社会，在满足个人自我实现的同时推动社会的发展。从英语教学的三个超越以及英语教学的新境界，我们可以看见思维及创新思维能力培养的重要性。

思维能力是智力和能力的核心。林崇德教授提出，培养思维品质是发展智能的突破口，创造性的培养应该突出表现在思维品质培养上。思维品质能明显地体现在各学科能力上。《英语课程标准》（2017年版）（以下简称"课标"）指出，英语课程的具体目标是培养学生的学科核心素养，包括语言能力、学习能力、文化意识和思维品质。思维品质作为英语课程的目标之一开始受到了极大的关注和重视。在课标中，思维品质指思维在逻辑性、批判性和创新性等方面所表现出的能力和水平。课标对思维品质是这样描述的：能辨析语言和文化中的具体现象，梳理、概括信息，建构新概念，分析、推断信息的逻辑关系，正确评判各种思想观点，创造性地表达自己的观点，具备初步运用英语进行独立思考、创新思维的能力。课标的思维品质目标中明确提出教师要在英语教学中培养学生创造性地表达自己观点的能力以及初步用英语进行创新思维的能力。

此外，课标指出，英语课程内容是发展学生英语学科核心素养的基础，包含六个要素：主题语境、语篇类型、语言知识、文化知识、语言技能和学习策略。课标明确提出整合六要素的英语学习活动观，即所有的语言学习活动都应该在一定的主题语境下进行，学生围绕某一具体的主题语境，基于不同类型的语篇，在解决问题的过程中，运用语言技能获取、梳理、整合语言知识和文化知识，深化对语言的理解，重视对语篇的赏析，比较和探究文化内涵，汲取文化精华，同时，尝试运用所学语言创造性地表达个人意图、观点和态度，并通过运用各种学习策略，提高理解和表达的效果。那么，学生如何能够尝试运用所学语言创造性地表达个人意图、观点和态度呢？语言是思维的工具和内容，这需要我们在教学中培养学生的创新思维。只有培养学生的创新思维，学生才能有创新的可能，才能跳出思维的框框，才能创造性地表达自己的意图和态度。

【本章要点】
● 英语教学中创新思维训练的现状
● 英语教学中创新思维训练的方法与策略
● 英语教学中创新思维训练的案例

第一节　英语教学中创新思维训练的现状

一、什么是创新思维

创新思维也称创造性思维。创造性思维是人类最高级的一项思维活动，创造力也是人类最重要的精神工具。思维是智力和能力的核心，而创造性思维是创造力的核心。语言是人类重要的思维工具之一，英语作为小学学科中的主要语言科目，是培养小学生创新思维的载体。我们要通过语言学习活动培养学生思维的逻辑性、批判性和创新性。在布鲁姆的教育目标分类中，创新位于整个教学目标体系的最高层次，建立在其他目标的基础上。创新就是产出原创性成果或思想，涉及设计、组合、建构、推测、发展、阐述、著作、调查等活动。

创新思维训练就是通过英语学习活动，特别是通过整合了六要素的英语学习活动，对学生的创新潜质和创新能力进行培养。培养创新能力不能离开语言和文化的学习活动。

二、英语教学中创新思维训练的现状

《义务教育英语课程标准》（2011年版）没有明确把培养思维能力纳入课程目标，因此在以这个课程标准为依据的许多义务教育英语教材中很少见到具体培养学生思维品质的内容。目前，小学英语教学对学生进行创新思维训练的研究和实践都不多。创新思维训练的实践也比较零散、欠深入。相关的文献不多，而已有的文献主要集中在情境的创设和氛围的营造上，少数文章能够系统、深刻地探讨在英语教学中教师如何对学生进行创新思维的训练。专门谈创新思维能力培养和训练的文章不多，现有文献多是在谈及思维品质的培养时会关联到创新思维能力的培养，例如周诗杰以第八届全国小学英语课堂教学展示中优质课为例说明如何培养小学生的思维能力，其中谈到了如何培养学生的创造性思维能力。

以阅读教学为例，当今英语阅读课堂还没有以"思维"作为重要目标，教的是语言知识和文本内容，而没有指向用文本内容和语言来思考和表达思想的人。少数探讨创新思维能力培养的文章，大多是在谈到阅读教学或者文学教学中提及创新思维的，很少有探讨在听说教学、写作教学中培养学生创新思维能力的。至于在语言知识的教学中，如在语音教学、词汇教学、语法教学、语篇教学中，创新思维能力的培养更是缺席的。可以说，在人们的视野中，只有阅读才是培养创新思维能力的最好载体。实际上，在其他课型中，如果教师具有创新思维能力培养的意识，也是有可能在教学时对学生进行创新思维训练的。总的来说，目前英语教学对创新思维的关注和训练还不够，有必要加强对创新思维培养的力度、优化培养的方式以及提高培养的成效，使学生具有较高的创新思维能力和创造力，为他们未来更好地融入社会、实现个人自我的发展和推动社会的发展打下坚实的基础。

第二节　英语教学中创新思维训练的方法与策略

创新思维的训练和培养是一个复杂的过程。首先，它需要教师本身在教学资源、教学目标、教学内容、教学方法和评价方法等方面的创新。其次，它需要教师具有强烈的创新思维能力培养的意识，精心设计和实施课堂教学，直接或者间接地把创新思维训练融入到课堂教学的每个环节之中。

一、培养发散性思维、聚合性思维和批判性思维，为创新思维的培养打基础

创新思维的培养不是凭空而起的，而是需要一定的思维基础。创造性思维是一种有创见的思维，是一种复杂的心理过程，是发散性思维与聚合性思维的有机统一，是形象思维与抽象思维的有机统一。创造过程就是发散思维和聚合思维不断整合的过程，是二者协调互动的结果。要培养学生的创新思维，教师要做到以下几点。（1）培养学生思维的发散性。发散性思维是创造性思维的基础，发散性思维具有流畅性、变通性、新颖性的特点。根据这些特点，培养学生创造性思维能力首先要解决发散性思维训练中的流畅性，而要培养思维的流畅性，需要引发学生的联想。其次，转换角度，训练思维的灵活性。根据已有信息不断变换思维角度和方向，多途径寻求解决问题的设想，这正是思维的变通性，对加大思维的流畅和产生新颖的见解具有重要意义。再次，教师在教学中要善于引导学生进行多向思维、逆向思维、求异思维。最后，探求一题多变，教给学生多向思维、多元思维的方法。归纳起来，即培养学生发散性思维要落实在培养学生多角度、多向、多元的思维上。（2）通过猜想和推测，训

练思维的直觉性。直觉思维是创造性思维的重要组成部分，又被称为猜想思维。人们借助直觉思维，用浓缩、跳跃的方式，直接而迅速地猜想出事物的答案，凭借理智直觉和借助已有经验，直接领悟出事物的特征。（3）分析综合，训练思维的聚合性。著名心理学家林崇德教授说过，概括是一切思维能力的基础。我们在处理问题时首先要分析问题，然后把分析的结果综合起来，梳理成重点突出的解决问题的方案。因此，分析、归纳、概括是从纷繁复杂的材料或数据中找出事物的规律，从多到少，凝成一点或者一个整体，这个过程就是训练学生思维聚合性的过程。我们在阅读教学中，常常要学生对文本中的一些信息进行分析、综合、概括，然后推断出作者的态度或者做出结论。学生在英语课中会碰到两种情况：一种是面对一个话题无话可说，不知从哪个角度去打开；另一种是碰到很多观点不知如何归纳总结并形成自己的观点。前者可以通过发散性思维活动来训练，后者则可通过聚合性的活动来培养。首先，发散性思维活动能训练学生逐渐产出独特的或者有新意、有创意的思想内容。其次，学生通过归纳总结他人的思想，获得新知。最后，新知跟旧知进行碰撞，产生新的思想、认识或观点。

批判性思维是创新能力的重要前提和组成部分，没有批判就很难创新。具有批判性思维能力的人应该具备极强的分析判断能力，不被动接受信息，而是主动积极思考；对自己的判断或结论能够提供充分的理由；思考问题或看待事情比较全面；在对各种证据充分的了解和分析之前不急于摆明自己的态度或观点；对他人的观点不轻易表示赞同；能够以开放的心态去讨论问题。"What do you think of ... ？"之类的问题就是用来培养学生批判性思维能力的问题。

在小学英语教学中，教师可以借助思维导图等可视化工具和手段来培养学生的发散思维能力和创新思维能力。

二、设置情境，训练思维的创新性

在创造性方面表现出众者往往善于发现问题并能创造性地解决问题。二十一世纪的英语教育要培养的是能够解决实际问题的人才。在英语教学中，我们基于主题语境来开展教学活动，让学生在情境中学习语言、练习语言和运用语言。语言教学需要自然的情境和创设的情境。教师设置情境，让学生去创造性地解决问题、完成任务是发展创造性思维的重要途径。当教师在创设情境时，要考虑到这个情境有利于学生对知识和技能的迁移和创造。在这个情境中，学生能够综合运用所学来创造性地解决问题。在英语教学中，教师要勇于打破教学常规，创造出更新颖的教学任务来培养学生的创造性思维。在第七届全国小学英语课堂教学展示中，来自北京的王红老师执教的是阅读课 Life in the future。王老师在最后的环节设置了一个 talk show，让孩子们谈谈未来的生活。孩子们这样说：I hope dinosaur will come back and be my pet. I'll play with them. I think they're cute./I don't agree with you. Maybe the dinosaur will eat you. I think we'll fly a spaceship./I agree with you. I think we can eat magic pills. I will become Harry Porter. /I agree with him because I like 变形金刚。I want to eat 擎天柱 pills and I'll be 擎大柱。

可以说，学生在 talk show 中的语言输出非常精彩，不乏有新意的思想。当学生遇到恰当的情境时，他们就会自由地畅想和表达，这时他们的创新思维能力就得到了发展。

三、立足高阶思维问题，培养思维的创新性

在英语课中，正确、恰当、适时的各种提问，可以起到培养思维能力的作用。在 Bloom 的教育目标分类中，人类的认知包括记忆、理解、应用、分析、评价和创造六个层次。其中记忆和理解被归为低阶思维，而应用、分析、评价和创造被视为高阶思维。王蕾教授指出，要在分析问题和解决问题的过程中发展思维品质。因此，一方面，教师提出的问题要具有多样性，要包含不同层次、不同类型的问题。另一方面，教师要培养学生的创新思维能力，在提问时要善于提出高阶思维或者能够引发学生深度思考的问题，为学生提供分析问题和解决问题的机会。阅读教学中的那些超越文本的开放性问题常常是我们培养学生创新思维能力的抓手。教师在教学中可结合教学内容利用信息差、推理差和意见差的原理，多提推理性问题、评价性问题以及创造性问题，为学生提供创造性地表达自己观点的机会，从而培养他们的创新思维和创新能力。

四、鼓励学生想象，提升创造性思维

联想和想象力在创造性思维中扮演重要的角色。教师在教学中可以要求学生基于文本内容，大胆想象人物所思所想所感所悟，合理想象文章或者故事的下文或者结局。教师语言经常是 "Imagine what comes next？"；"What will happen next？" 和 "What if…？" 等等。在英语绘本教学中，不管是故事性的绘本还是科普性绘本，教师都可以让学生基于图片大胆猜想下面发生的事情或者内容。小学生没有思维定式，运用猜想可以激发他们的创新思维。

在教授外研社出版的《领先阅读 X 计划》中的 Flying High 一文时，番禺区黎碧霞老师通过问题 How did Cat feel when she flew on the back of the dragonfly 来培养学生的想象力。学生不是 Cat，他们只能通过想象来猜测它坐在蜻蜓的背上是什么感觉。学生这样回答：Maybe she felt excited/dangerous/interesting. 这些答案在某种程度上是学生的创造。

爱因斯坦曾经说过：想象力比知识更重要。诺奖获得者穆罕默德·尤努斯在以"教育的本质与三零世界"为题的演讲中谈道："想象力是一种力量，如果我们想象，就会发生；如果我们不想象，就不会发生。想象不会消耗你任何的东西，但是，我们从不在课堂上讨论想象力。我们不被允许讨论，更不会被要求去想象。"鉴于培养想象力的重要性，我们在课堂上要为学生提供想象的机会，从而锻炼他们的想象力，并以想象力的培养来促进学生创新思维能力的培养。

五、移情文化内涵，发展独创新思维

思维的独创性是指打破旧有的思维模式，从新的角度、新的方式去思考，得出不一样的具有创新性结论的思维模式。学生要创新，首先要学会移情。移情是指设身处地欣赏他人感情的一种能力。移情的同时，学生还要学会观察、分析、表达和创新。绘本故事 *York's Horns* 讲述了主人翁 York 一觉醒来发现自己头上长了角后感到很沮丧，甚至很绝望。头上长角了变丑是很值得学生同情的事情。但如果能够跳出框框看问题，那么头上长角也许能变成好事。头上的角可以用来帮助爸爸开罐头，帮妈妈绕毛线，在小朋友们跳绳时帮助甩绳子……故事的结局给学生带来启迪：坏事可以变为好事。此外，他们还可以思考 York's horns 的更多用处，因此培养了创新思维能力。

六、读后续说、续写，对学生进行创新思维训练

阅读后的工作是深化学习内容，学以致用，拓展思维，培养探究和创新能力的重要环节。学生在阅读后可以开展普通意义上的说或写的活动，也可以开展续说、续写活动。前者可以是基于所学主题内容和主题意义进行的复述、讨论、辩论、模仿写作、概要写作等活动；后者是以原文本或者再构文本为依托进行的文段创编活动，其理论支持是王初明教授提出的"续"论。"续"论是一种语言习得观，揭示了语言学习的机理，即语言学习是模仿和创造的统一体，学生需要在模仿的基础上进行创造，而"续"论的核心是语言模仿、内容创造。给一段话或者一个故事续上一个结尾，这能激发学生的创造性思维。小学英语以故事教学为主，这给续写带来便利，给创新思维的培养提供了很好的载体。

七、基于项目式教学，培养学生的创新思维能力

项目式教学以目标为导向，以任务为中心，以问题为驱动，以学生为主体，以教师为主导，具有情境真实、内容具体、方法灵活、效果实用的鲜明特征。项目式教学不仅能加深学生对知识的学习理解和迁移创新，提升学习成效，还能激发学生学习动机，增强学习信心，促进持续发展。崔允漷教授认为，项目式教学是真实情境加上深度学习。项目式教学旨在通过主题探究和团队协作，完成项目，产出结果。在完成项目的过程中，学生需要通过读、听、看等各种方式，从不同类型的语篇中获取信息，用分析、比较、综合、选择等方式处理信息，创造性地运用这些信息来解决问题、产出成果。项目式学习是学生综合运用各种学习资源和学习策略的实践型活动，是培养学生创新思维能力的有效方法。

八、通过角色扮演、短剧等培养学生的创新思维能力

角色扮演虽然是一种角色代入，但扮演者需要有自己的创造。它涉及学习和理解、应用和实践、迁移和创新的过程。学生不但把从文本里学到的语言和思想应用于角色扮演，而且在体验角色的实践过程中，根据情境创造语言和思想。我们经常看到扮演家长的学生惟妙惟肖地演绎人物，那些他们创造的语言常常惹得师生们捧腹大笑。

短剧也是培养学生创新思维能力的载体。短剧化教学以剧本或者剧情为载体，以表演为手段，将语言感知、理解、习得、应用和情感体验融于表演和创编之中。短剧把文本内容活化为剧本，即教学内容短剧化；把学生变成了"编导"和"演员"。在表演的过程中，学生会创新语言和语言表达的方式。通过编写剧本，学生的仿编和创编能力得到了激发。仿编是创编的基础，创编是仿编的发展和最终目标。随着这类活动的增加，学生的创新能力得到了极大的锻炼和培养。

角色扮演和短剧中的语言常常是"有温度""有血有肉"的鲜活的语言，而这些语言正是学生创造性劳动的结果。在扮演或者表演的过程中，学生就是"能交际""能思考""有感情"的英语语言运用者，而不是单纯的语言学习者。

九、通过课堂评价培养学生的创新意识和创新能力

教师可在评价口语活动和写作活动中加进"有创意的说"和"有创新的写"作为评价指标，这样的方式有利于培养学生的创新意识和创新能力。教师

要让学生在语言实践体验活动中，除了能够发现问题、思考问题外，又能摆脱思维定式，敢于超越常规，重新架构原有知识，产生新的独特的想法和做法，从而创造性地解决问题。教师要以开放的心态适时放手，鼓励学生大胆设想，自主合作探究，让他们提出独特的见解。教师可以有针对性地对学生的语言产出的创新性进行反馈或者评价。

第三节　英语教学中创新思维训练的案例

案例 1：Join In Book 5　Whose House Is It？

【案例背景】

本案例是第八届全国小学英语教学展示课中的一节国家级优质课，授课教师是来自湖北华中科技大学附属小学的雷爽老师。教材是人教版小学英语五年级下册，课题名称是 Whose House Is It？授课对象是东莞宏远外国语学校的五年级学生。学生语言基本功扎实、参与热情高、思维活跃。

【案例主题】

根据 2017 年版的英语课程标准，本案例的主题是人与自然中的动物世界。故事主要讲述三个弱势的动物的家被三个强势动物强占之后如何团结一致、击退三个外寇夺回家园的故事。

【案例描述】

该案例授课教师雷爽以布鲁姆认知目标分类模型为依据，依次提出了四个问题作为一个问题群：

1. What happened？

2. How did it happen？

3. What can I learn from the story？

4. What should I do if I were one of the small animals？

授课教师按照思维的层级结构将故事分成了四个层次来处理：1. 弄明白故事中发生了什么事情？（浅层次思维）2. 故事是如何发展的？（分析和综合）3. 我们能从故事中学到什么？（评价）4. 如果你是故事中的小动物，你能怎么办？（创新性思维）。

其中问题 4——"如果你是故事中的小动物，你能怎么办？"——的提出基于文本又高于文本，给予学生足够的思维空间进行深度思考，让学生运用"旧知和新知"进行回答，培养了学生"机智勇敢，正直勇气"的品格，让学生知道遇到危机情况应想办法保护自己。学生在讨论过程中产生了更多的新思路和奇思妙想。

教师在上课伊始给出了课堂形成性评价的标准：In my class, I hope you can speak correctly, say emotionally and say creatively. If you can speak correctly, your group will move one step; If you can speak emotionally, your group will move two steps; If you can speak creatively, your group will move three steps. 其中第三个标准就是"说得有创意"，而且这个的口语品质是最受重视的，因为它的分值是前面两个的总和。（如图 8-1 所示）

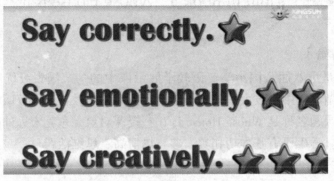

图 8-1　课堂参与评价标准

【结果与反思】

本课在解读文本的过程中同步培养学生各个层次思维的能力。本课提出的问题涉及认知的三个层次：事实性问题、评价性问题以及开放的创新性问题。问题的难度从易到难。课堂活动环环相扣，学生参与度高、获得感大，教学效果好，教学目标得到很大程度的实现。

案例原作者信息：武汉华中科技大附小　雷爽

案例 1 点评：

案例中的这节课是一节思维含量很高而且教学目标达成程度高的小学英语故事教学课。教师语言富有感染力，教学过程妙趣横生，教师设置了从低到高的思维能力的培养环节，引导学生进行学习理解、分析和综合、评价创新等思维活动。这节课步骤清晰，过程流畅，学习学得感强。该案例的另一亮点是教师把创新因素结合到课堂评价指标中。同时，该课因教师在阅读中间阶段要求学生用 iPad 对他们的朗读录像，并发送至 QQ 群而被评委视为"体现了教育技术与英语教学相融合"的典范。

案例2：六年级下册 Unit 6 Feeling Fun——Monkey King Fights White-Bone Monster

【案例背景】

该案例是人教版小学英语六年级下册 Unit 6 Feeling Fun 中的 Reading and writing 中的一个环节。授课教师是来自珠海市平沙实验小学的潘惠萍老师。潘老师善于在文本教学中运用思维导图来发展学生的各种思维品质。本案例是一个运用思维导图在读后阶段培养学生创新能力的课段。

【案例主题】

根据 2011 年版的英语课程标准的话题分类，本课话题是故事。按照 2017 年版的英语课标，本课的主题语境是人与社会中的文学名著。课题是 Monkey King fights White-Bone Monster（孙悟空三打白骨精）。

【案例描述】

创新性思维是最高层次的高阶思维，它的特点是具有思维的独创性。教师在阅读后可利用思维导图引导学生根据文本内容开展各种拓展性的活动，如续写故事、改编故事结局或情节等，充分激发学生的创新意识，发挥学生的个性特点，提升学生创新性思维能力。在六年级下册 Unit 6 Feeling Fun 的 Reading and writing 板块的教学中，教师用思维导图帮助学生分析故事情节后，引导学生根据自己的想法改编故事情节，并在教师示范的思维导图中任意修改，呈现自己的故事情节。学生兴趣盎然，画出了不同故事特色的思维导图，这充分展现了学生思维的创新性。

【结果与反思】

教师用思维导图把故事内容结构化，让学生对故事的篇章结构和情节的发展了然于胸。在此基础上，教师要求学生对思维导图的任何节点进行修改创新，编写和讲述融合自己创意的新故事，有效地培养了学生的创新思维能力。本课的教学目标达成程度较高。

案例原作者信息：珠海市平沙实验小学　潘惠萍

案例 2 点评：

《孙悟空三打白骨精》是中国传统文化和古典名著中的一个深受小学生喜爱的故事。故事情节跌宕起伏，引人入胜。结局在原著中已被设定。教师可以让学生改变故事中白骨精的结局，让学生在改编中大胆假设，自主创造，这对于帮助他们形成想象力和创新能力有很大的帮助。该案例有一定的适切性，值得推广借鉴。

【参考文献】

[1] 常万里.指向思维品质发展的 5E 英语阅读教学 [J]. 教学与管理，2018（34）：59-61.

[2] 陈则航，王蔷，钱小芳.论英语学科核心素养中的思维品质及其发展途径 [J]. 课程·教材·教法，2019（1）:91-98.

[3] 傅瑞屏.高校英语师范专业课堂深度学习的教学途径和策略 [J].教育研讨，2020 2（4）：267-279.

[4] 傅瑞屏.英语优质课例分析与评价 [M].广州：世界图书出版公司，2010.

[5] 葛炳芳，洪莉.指向思维品质提升的英语阅读教学研究 [J].课程·教材·教法，2018（11）：110-115.

[6] 郭爱辛.英语教学中创新思维训练体系的构建 [J].教育评论，2004（4）：118-119.

[7] 姜雪，缪海涛.基于思维品质培养的英语阅读教学研究 [J].教学月刊·中学版（教学参考），2018（z2）：8-11.

[8] 教育部.义务教育英语课程标准（2011 年版）[M].北京：北京师范大学出版社，2012.

[9] 教育部.普通高中英语课程标准（2017 年版）[M].北京：人民教育出版社，2018.

[10] 林崇德.培养思维品质是发展智能的突破口 [J].国家教育行政学院学报，2005（9）：21-26，32.

[11] 刘森.基于学科核心素养的英语教学—2018 TESOL 中国大会带来的思考 [J].教师教育研究，2018（5）：56-60.

[12] 麦克·格尔森.如何在课堂中使用布鲁姆教育目标分类法 [M].北京：中国青年出版社，2019.

[13] 周诗杰，小学英语教学中思维训练培养初探 [J]，基础教育外语教学研究，2018（7）：6-9.

第九章　体育教学中的创新思维训练

【引言】

体育与健康课程是学校体育课程的重要组成部分。该课程是以身体练习为主要手段，以学习体育与健康知识、技能和方法为主要内容，以增进学生健康，培养学生终身体育意识和能力为主要目标的课程。

体育与健康课程具有以下特性：

基础性——课程强调培养学生掌握必要的体育与健康知识、技能和方法，养成体育锻炼习惯和健康的生活习惯，为学生终身体育学习和健康生活奠定良好的基础。

实践性——课程强调以身体练习为主要手段，通过体育与健康学习、体育锻炼以及行为养成，提高学生的体育与健康实践能力。

健身性——课程强调在学习体育与健康知识、技能和方法的过程中，通过适宜负荷的身体练习，提高体能和运动技能水平，促进学生健康成长。

综合性——课程强调充分发挥体育的育人功能，强调以体育与健康学习为主，渗透德育教育，同时融合部分健康行为与生活方式、生长发育与青春期保健、心理健康与社会适应、疾病预防、安全应急与避险等方面的知识与技能，整合并体现课程目标、课程内容、过程与方法等多种价值。

上述体育与健康课程的特性体现出在课程目标的确定、教学内容和教学方法的选择与运用方面，课程注重与学生的学习和生活经验联系，引导学生体验运动乐趣，提高学生体育与健康学习动机水平，重视对学生进行正确的体育价值观和责任感的教育，培养学生刻苦锻炼的精神，促进学生主动参与体育活动，基本形成体育锻炼习惯的课程理念。因此，在体育教学中体育教师需要进一步提升教学理念、创新教学形式，在全面加强学生体育与健康知识、技能和方法的学习过程中，培养学生的创造力和创新思维，积极探索出一条符合小学生身心发展规律的全面发展之路。

【本章要点】
● 体育教学中创新思维训练的现状
● 体育教学中创新思维训练的方法与策略
● 体育教学中创新思维训练的案例

第一节　体育教学中创新思维训练的现状

一、体育教师普遍忽视创新思维的培养与运用

在体育课程改革不断推进的情况下，发散性思维的培养成为一大教育目标，即所谓的一种创新思维方式。从普遍情况来看，相当一部分学校的体育教师在体育教学中没有或很少注重对学生的创新思维培养，致使学生难以在体育教学中得到思维方式上的突破与提升。究其原因，从思想认识程度方面而言，一部分体育老师自身没有关注和重视创新思维教学方式的有效运用，使得最终的应用成效不佳。由于体育教师在思想认识上存在着不足，在实际的体育教学过程中，缺少必要的创新思维引导和启发的教学环境氛围，难以对创新思维加以合理运用，发挥出应有的作用，使得学生也无法从中收益，获得思维能力的提升。与此同时，学生在创新思维的认知方面也较为薄弱，积极性不足，众多学生也没有认识、体会到创新思维的重要性与价值，没有将自身思维潜能激发，无法在具体的体育学习中重视创新思维的锻炼，导致这方面发展停滞不前，直接影响到最终的体育教学质量与效果。

二、创新思维培养缺乏良好的教学环境

从普遍的情况而言，目前的体育教学很少涉及创新思维方式的有效运用，体育教师往往重视对运动技能与知识的教学，教学活动更多呈现出教师既是主导又是主体的状况，主要表现为体育教师传授体育知识与技能，学生按照教师要求按部就班地进行体育学习。由于教师很少采用具有创新性和创造性的体育学练活动，使得整体的体育教学形式较为单一，体育课堂教学的环境比较枯燥和沉闷，很难激发学生的体育学习兴趣，从而导致了较多学生不愿意积极地参与到体育学习过程当中，出现了大部分学生虽然喜欢体育活动，但对上体育课的热情与积极性普遍不高的现象，制约了体育课堂教学的学习效果。从教师的角度而言，体育教师无法进行准确的全局了解和把握，使得对学生创新思维的培养一直无法有效落实。在这个过程中，学生往往是被动地接受。

三、部分教师教学方式较为单一、固化

创新思维方式的练习与掌握，首先必须具备长期的训练经验的积累，在不断地反思与总结中获得进步和提高。不过遗憾的是，纵观目前的学校教学发展现状，很多教师在教育理念上仍然固守着学生成绩好即是教师教学水平高的认识，填鸭式教学在常态课教学中普遍存在，教师可以无视创新思维方式的培养与运用。教学方式的单一和固化，导致了一些教师即便运用了创新思维方式进行引导，往往却收效甚微，效果不佳。学生长期受此种单一、缺乏创新思维培养的教学方式的影响，使得自身对创新思维学习和训练的反应普遍不够积极，更加无法形成自主学习、独立思考的良好的学习模式和习惯，其发散性思维能力明显不足，难以完成体育与健康课程标准对体育教学赋予的要求。

第二节　体育教学中创新思维训练的方法与策略

当今时代的教育不再是单纯的传授知识，更重要的是知识的创新，即创造更多的条件，激活学生的思维，开启学生的心智。最大限度地挖掘学生的创新思维潜能，是教育改革和创新教育的核心。学生只有培养了创新意识，才会有创新欲望和要求，才会有探索研究，才会有成功。只有具有创新意识的学生，才会去仔细地观察生活，反复思考生活中的一些不被人关注的细节，反复思考生活中的某些问题，并设法解决，从而产生强烈的创作愿望。创新意识比创造能力更重要，如果把创造能力比喻成黄金，那么创新思维就是金矿。所以，体育教学要始终关注对学生创新思维能力的培养，并可以采用以下几种合理的对策与方法。

一、提高对教师创新思维的重视

教师教学的过程也是一个发挥主观能动性的过程。在这个过程中，教师要运用自己的创新精神，通过探索和研究，形成一套独有的、适应自己学生需要的教学方法和手段。这个过程是教师创新精神培养的过程，也是创新能力提高的过程。教师不能闭门造车，而应走出去，去学习、借鉴其他教师的教学方法，取长补短，不断地开拓学习方式，充分利用网上学习资源的新知识、新方法，并把学到的理论知识运用到教学实践中，观察教学效果，以不断地改进、完善自己的课堂教学。在体育教学课堂中，体育教师需要点燃学生们的学习热情，

用创造性的思维去创新，去营造出一个充满激情的学习环境，使得在这种氛围下学习的学生取得事半功倍的学习效果。所以提高对创新思维的重视、营造良好的学习氛围对体育教学的创新思维有着重要意义，是取得良好学习效果的必要条件之一。

二、多给予学生肯定与鼓励

为在体育教学与训练中提升学生的思维能力，优化和完善思维方式，体育教师应该多给予学生肯定与鼓励，使其更加主动和积极，达到养成良好的学习思维习惯的目的。教师恰当、及时的鼓励和肯定，能够让学生发现自身的优点，同时不断反思和总结，及时完善不足之处，完成创造性思维的训练目的。对优秀学生给予适当的表扬，而针对学习不积极且成绩不够好的同学，教师也应该进行一定的鼓励与肯定，关注每一个学生的发展。尤其在体育竞赛中，小学生们已初步形成了竞争意识和集体荣誉感，通过体育活动可以增强其信心与勇气，进而使他们能够积极主动地参与到体育活动中来。在这个过程中，教师要想培养学生的创新思维，就必须保护学生的这种积极性和参与性，要善用激励机制，运用鼓励的语言，不仅要满足学生的心理需求，还要促进学生健康、积极的心理状态的形成，使他们更加乐于接触身边的事物，更加自觉地去思考问题、解决问题，并在这个过程中获得成就感和满足感，形成良好的师生关系。一个和谐、轻松的教学氛围，良好的师生关系，能够充分激发学生的学习热情，从而更容易使学生产生创新思维；反之，面对充满压力的教学环境，学生更容易产生厌学、倦怠的情绪，使自身的学习趋于被动。除此之外，宽松的教学环境，也是培养创新思维的一个重要条件。只有在放松的状态下，学生才能充分调动感知、想象等一系列心理因素，更好地进行创造性学习活动。体育课的魅力就在于能够使学生充分地释放自己，用自己喜欢的方式进行学习和思考。

三、加强学生的创新思维训练和实践

创新思维必须经过不断的训练，并通过和实践相结合，才能发挥实际的效果，如果只停留在口头上的提倡或者脑海中的想象是没有实际意义的。创新思维是进取的，是破除原来的定式，是由学生在自己强烈的意愿下主动做出的思索，是不断地把自己的思维天地开拓得更大。创新思维是从平时生活中日积月累而来的。学生自身要抓住平时每一点微小的灵感，不断激发自己的创新意识，不断地构思新的想法，产生学习兴趣。在掌握学生兴趣点之后，教师要以情景创设的方式，优化教学内容与形式，帮助学生深入参与到体育学习中。这样，教师依靠身临其境的教学情境设置，让学生从中了解并掌握基本的体育知识，引导学生有针对性地实施创造性思维的训练。通过该教学方式的改变，教师要帮助学生积极发现并解决学习训练过程中存在的问题和不足，形成良好的教学成效。例如：教师将情境创设方式运用到快速跑的教学课程之中，并要求学生实施分组训练，引导其围绕"怎样做才可以跑得更快的问题"进行思考；在具体的体育训练实践当中，让学生在实际的情景训练时，及时找到自身存在的不足，尽快弥补缺陷，使最终教学目标得以完成，帮助学生增强创新思维能力。

四、强化师资培训，做学生"创新思维的引路人"

教师是新思维、新观念、新思想、新技术的重要传播者，是学生创新思维的保护者与创新意识的启发者。新时代，体育教师需要转变观念，激发自己的创新意识，拓展自己的创新思维，着力提升自己的创新能力，逐步成长为创新型教师，成为学生"创新思维的引路人"。首先，体育教师要逐步养成研究性学习与探究性学习的良好习惯，通过多方培训，在专家引领下进行集体性项目学习和专题研究学习，让自身在参与学习的过程中感受深度学习的效果，增强深度学习的体验，形成深度学习的良好品质，从而逐步成长为会学习、爱学习的终身学习者。其次，在专家带领下，体育教师要进行教材的再加工和有机整合研究，让体育教师成为课程改进的参与者，成为课程实施的专家，成为基于学生已有生活与学习经验实现因材施教的实践者，并在这样的实践经历中提升终身学习能力。最后，体育教师要养成时刻关注和研究学生的良好习惯，研究每位学生个体的差异与特长，研究不同时代学生的差异与变化，在发现和理解学生的过程中成长为具有高度敏感性的终身学习者。最后，体育教师必须确立未来发展目标，为自身量身打造一套科学的生涯规划，通过继续学习促进自我成长，以提高终身学习能力，适应未来的社会要求、职业岗位要求。

五、创新体育课堂教学形式与方法

传统体育教学中，学生往往习惯于被动地接受知识、掌握知识，即仅仅需要简单的重复和机械的记忆就能完成课堂任务。这种刻板传统的教学方式是对学生创新性思维的扼杀，使学生失去学习的乐趣，产生厌学情绪。所以，为了培养学生创新思维、提高学生创新能力就必须充分尊重学生的主体地位，革新体育课堂教学形式与方法。

（1）游戏教学法。游戏法既是一种教学方法，也是一种学习方法。它是一种深受学生欢迎的教学方法，对学生的心理、生理等各方面都具有积极影响。在日常教学中，教师根据小学生活泼好动、好奇心强的特点，以此为突破口，在所要教学的体育动作中穿插一些相关、相似的体育游戏，来代替以往学生不感兴趣的准备活动。教师这样做不仅符合小学生的性格特点，让他们在轻松快乐的游戏中学习体育知识，达到运动前的热身效果，还能激发他们的学习兴趣，使学生在"玩中学"，变被动学习为主动学习，实现主动思考，激发创新意识。

（2）竞赛教学法。对于学生来说，兴趣是学习任何事物首先要有的前提，只有有兴趣之后，学生们才乐于学习、主动学习，积极参与到活动中来。竞赛法激发着每一位学生的内在潜质。每一个小组与团队都想取得胜利，就算运动能力不佳的同学，也不愿意拖累团队。这样的内心状态使得每一位同学都集中精力，认真努力，争先恐后。通过一次次竞赛的练习，学生亲身体会比赛中的辛酸、喜悦、焦虑与满足等多种情感体验，不断地锻炼自身的心理承受能力与自我反思能力，于无形中提升了自身的创新思维能力。

（3）情境教学法。在体育教学中，除了体育知识和技能的传授外，体育教学情景设计往往能够起到事半功倍的成效。教师可以利用小学生喜爱模仿的天性，通过模仿动物行为等活动极大地改善学习效果，更好地培养学生的思维和能力。在教学中，教师可以运用生动形象的语言进行讲解，让学生充分发挥自己的想象力，构建教学情境，引导学生进行体育活动，激发学生的创造性思维，培养学生发散思维的能力。例如，在练习长跑的过程中，教师可以引导学生想象自己处于危险的境地，敌人一直在追逐他们，这样的设置情境能够使学生处于兴奋状态，激发自己的潜能和力量，不断突破自我。

（4）问题导入法。低年级学生在学习知识、开展活动的过程中难免出现疑问，而教师可以善用这些疑问，采用探究式的教学方法，培养学生的创新思维。由于学生的年龄较小，教师要做好引导和示范工作，在课程开始前设置疑问，引导学生通过观察—提问—假设—推理—验证的思维方法对问题反复、持续地进行探索和研究，找到解决问题的正确方法。在这个过程中，教师要通过对这些想法的评价和纠正，培养学生创新的思维和思考能力，形成勤于思考、敢于提问的良好习惯，从而更加有效地培养学生的创新能力。

（5）混合式教学。混合式教学即将在线教学和传统体育课堂教学的优势结合起来的一种"线上"+"线下"的教学。通过两种教学组织形式的有机结合，这种教学可以把学生的学习由浅到深地引向深度学习。混合式教学改革没有统一的模式，体育教师要充分发挥线上和线下两种形式教学的优势，并注重以下三个方面的达成。

①线上有资源，教师通过资源实现对基本知识的讲解与示范

线上的资源是开展混合式教学的前提。教师实施混合式教学就是希望把传统的体育课堂的讲解与示范通过微视频上线的形式进行前移，给予学生充分的学习时间，尽可能让每个学生都带着较好的认知走进课堂，从而充分保障课堂教学的质量。在课堂上我们的讲授部分仅仅针对重点、难点或者同学们在在线学习过程中反馈回来的共性问题。

②线下有活动，活动应能检验、巩固、转化线上知识的学习

学生通过在线学习基本掌握基础知识与动作要领，在线下，经过老师的查缺补漏、重点突破之后，剩下的就是通过精心设计的课堂教学活动，把在线所学到的基础知识与动作要领进行巩固与灵活应用。教师也可以实现一些更高的教学目标，让学生有更多的机会与时间在认知与技能层面参与学习与思考，从而提升学生的创新思维能力。

③过程有评估，线上和线下的过程和结果都需要开展评估

无论是在线上还是在线下，教师都需要给予学生及时的学习反馈。通过在线教学开展一些在线小测试是反馈学生学习效果的重要手段。通过这些反馈，教师可以让教学的活动更加具有针对性，让学生学得明白，教师教的清楚。教师如果将小测试的结果作为过程性评价的重要依据，则会体现出学习评价的激励功能，进而调动学生学习兴趣，引导创新思维发展。

第三节　体育教学中创新思维训练的案例

案例1：快速跑教学

【案例背景】

这是小学二年级（1）班的一节体育课。本节课以"健康第一"为指导思想，重视培养学生的学习兴趣，根据学生的生理特点进行体育运动的开展。本节课以快速跑为主要内容，通过快速跑，促进学生的身心发展，并培养学生的坚强意志和竞争意识。以往的比较枯燥的练习方法，导致了学生对体育课兴趣下降，积极性不高，出现开小差，注意力不集中等问题。本案例将比赛竞争的教学方式和学生自主创新的环节引入课堂，引导学生进行快速跑练习。本案例

通过新颖的教学方式和创新环节，提高了学生的学习兴趣，从而达到了较好的教学效果，做到了让学生在学中玩、玩中学。

【案例主题】

本案例中的学生年龄较小，注意力集中时间较短，易被新鲜的事物吸引，常受兴趣和情绪支配。在开展的过程中，教学会出现各种各样的问题。本案例是通过创新的教学手段，提高学生的学习兴趣，从而提升学习效果，除此以外，通过"运动项目小发明家"的提问环节，让学生把自己之前所学的知识或者生活的一些小细节与本节课内容进行结合，让学生创造出一些新的练习方法，真正地体现了学生在课堂中的主体地位。

【案例描述】

（1）开始部分：在一节体育课中，我像平时一样带领学生做准备活动。在做完准备活动以后，突然有一个学生举手问我，他说："老师，你旁边的框子是用来干什么的？"我就回答道："是等一下练习快速跑时用的。"这时候，全班同学的心里肯定有很多"问号"，甚至有些学生摆出一副很不明白的表情。回答完学生的疑问以后，我让学生排好队，并详细地讲解和示范了快速跑的动作要领。

（2）基本部分：根据本班的情况，我将本班的同学分成了八组。每一组的第一个同学的右前方摆了一个框子，框子里面有十二个沙包，正对每一组的三十米处摆了八个框，框子里面是没有任何东西的。在游戏开始之前，我跟学生讲了游戏的规则，但是我并没有说快速跑的动作技术要领。第一个游戏是让学生把前面框子里的沙包全部运送过对面，每次只能运送一个。游戏开始，每个人都觉得非常有趣好玩，直至最后一个学生完成。这时候，我问了学生们一个问题："同学们，你们知道怎样才能更快地运送你们面前的物资吗？"有些同学说像老师刚刚教的一样，有些同学说要把腿拉开一点。待学生回答完以后，我说了一句："同学们根据你们的思考，你们尝试一下，看速度会不会更快。"然后我组织第二次比赛，让学生把沙包运送回去。在刚刚的提问当中，确实有不少学生的速度变快了，而且动作也变好了很多。游戏结束以后，有些同学想玩第三次。我跟他们说，有一个更好玩的游戏等着你们，接着我就跟学生说了第二个游戏——"争夺物资"——的游戏规则。我还是把同学们分成了八组，以两两对决的形式进行，一组和二组相隔三十米，每组前面有一个框子，里面有十二个沙包。一组要把二组的沙包运回来。每人每次只能运送一个，最后哪一组的沙包多，哪一组胜利。其他组的游戏规则相同。当我吹响哨声，比赛开始以后，学生们不由自主地为同组的学生加油打气，这时候的课堂气氛被推向了高潮。每个小组的同学都为自己小组获得胜利而拼尽全力，那些以前特别调皮的学生，这一次显得格外的卖力，比赛非常激烈，同学们都拼尽了全力。比赛结束以后，学生们都意犹未尽，仍然沉浸在游戏情景之中。

（3）结束部分：最后我通过问答的形式，再一次跟学生讨论快速跑的动作要领和注意事项。"同学们，为什么刚刚有些组别会获得游戏的胜利呢？"我请了获胜队伍的同学进行回答。有同学回答说："因为我们摆臂的时候有力。"有些同学说："因为我们跑的时候眼睛看前面，跑直线。"我微笑着说道："同学们，其实今天你们都是胜利者，因为你们都为了自己的队伍去拼尽全力，只要你们注意跑的动作，下次就可以做得更好。今天老师把运送物资和快速跑结合在了一起，老师想问一下大家，快速跑还可以跟什么结合在一起呢？老师看一下哪个学生是'运动项目小发明家'，你们可以与自己组的同学进行讨论。"话音未落，同学们就激烈地讨论了起来，待学生讨论完以后，我请了两个同学并让他们说出他们自己的想法，有一个学生说："可以把快速跑和射击结合在一起，先到的同学当攻击者，后到的同学当防守者。"还有些同学说快速跑可以跟跳绳结合在一起。我听了很多同学的想法，最终选取了一到两个比较贴合运动规律的想法。同学们都非常希望在课堂上展现他们的想法，即使有些同学的想法没被采纳，但是他们还是非常期待下一节课别人创造的这个"新项目"。最后，同学们在热烈的掌声和讨论声中结束了本节课。

【结果与反思】

新课标强调通过体育与健康课程的学习，学生要培养参与体育运动的兴趣和爱好，形成坚持锻炼的习惯。本案例运用游戏、比赛的形式进行快速跑的教学，改变了教学方法，让学生在玩中学、学中玩，转变了学生的学习方式，注重提高学生的学习兴趣，发展学生的主体地位。体育教师在教学过程中加入了比赛、游戏等创新环节，让枯燥无味的快速跑练习变得有趣和有竞争力。除此以外，体育教师在课堂将近结束的时候，运用学生自主创新项目的方法，保持学生对体育课的期待，并充分利用学校场地和器材等资源，采用比赛、游戏等手段，激活了学生对体育运动的热情，培养了学生良好的兴趣。

通过一节普通的体育课，我深深地明白了，作为教师，我们不仅是一名传授者，也是一名组织者。我们要注重知识的传播，同时要关注学生的学生身心发展规律。运用创新的教学方法和手段，教师能够让学生在愉快中学习，确保学生在学习中的主体地位，让学生成为真正的主人。通过创新的思维，教师要不断发掘适合学生的教学方法，培养学生自主、合作的意识，使学生健康快乐成长。

案例原作者信息：佛山市禅城区张槎中心小学 吕润梁

案例 1 点评：

在本案例中，教师能够根据二年级学生的身心特点，充分运用游戏法、竞赛法、问题导入法等教学方法进行快速跑的教学，激发了学生的学习兴趣，让学生在愉悦的环境中展开学习。在课的结束部分，教师通过设问，将学生引入探究式、合作式学习方法当中，体现出了教师的主导作用和学生的主体地位，使较为单调乏味的快速跑练习变得富有竞争与乐趣，激活了学生的课堂参与热情，提升了学生学习的兴趣。本节课，教师设计了多种教法与学法，激发了学生的创造性思维，培养了学生的发散思维。

案例 2：你的训练性格像当年我的训练性格

【案例背景】

教师要把立德树人融入思想道德教育，要依据它来制定教学目标。立德树人为教育之本，党的十八大提出："把立德树人作为教育的根本任务，培养德育体美全面发展的社会主义建设者和接班人。"教师作为传道授业解惑者，更应该将德育根植于学科教学与日常的教学工作当中，在言行举止、待人接物上要做到为人师表、率先示范。下面案例中的学生是我在训练教学中发现的一个在性格方面极其像我当年训练性格的一个学生。通过感同身受与爱相结合的方式，我在一个月的时间里，使他成为一名尊师守纪的好学生。

【案例主题】

每两年一届的珠海市香洲区第十七届田径运动会还剩最后一个月，在训练最紧张的时候，为了能取得更好的成绩，在更多的项目上取得分数，作为田径队的教练，我决定开展竞争更小、技术难度更高的跳高项目的训练，主要是练习背越式跳高。首先是选材。在田径队里面，我找不出一位符合背越式跳高的学生。有一天，陈老师推荐了他们班的一名学生——邱灏。我之前教过他，他个子不高，身体精瘦、灵活，柔韧性好，大小腿有力，但不尊师守纪，并且屡教不改，虽然有一点运动的天赋。我小时候也跟他一样调皮，教练也选中了我，于是我也选中了他。

【案例描述】

在确定邱灏作为我的训练对象的时候，我跟他讲的第一句话是："你能坚持每天早上七点十分到八点，下午四点到五点半过来训练不？"他说："是不是不需要上早读和下午的第三节课？"我回答："是的，最后一个月，我帮你和学校说一下，也问一下你家长的意愿，你有什么困难直接跟我讲，我会尽力去为你解决，明天见。"

"邱灏，今天来得那么早，不错喔。"这是第二天早上见到他的时候我对他说的第一句话。接下来的几天他都是按时到学校训练，因为不需要早读，他可以在下面和同学一起聊天，很开心。在他经过了一个星期的体能储备后，我开始对他进行背越式跳高的专项训练教学。在我安排的一些项目当中，一开始都是做一些辅助练习，包括身体素质的锻炼，对于这些训练，他显得很不耐烦，总会问什么时候可以过杆练习。因为我也不单单带跳高一个项目，还要带其他学生的跑跳投，所以只是布置了任务给他练习，在远处看着他。但他总会偷懒，只要我不在身边，就不会认真练习。我想到自己小时候也是这样，教练会过来安排半蹲跳给我，让我"增加记忆"（类似于体罚，其实就是发展腿部力量）。我也把这种练习安排给他，主要还是为了增加他的腿部力量，但是适可而止，不会超过当天的运动量。

还有两个星期就开始区运会的比赛了，前期的辅助练习、用橡皮筋练习的方法他都已经掌握了，所以接下来我用杆给他练习。比赛倒数第二个星期，我用一下午训练时间，给他展示了一个背越式跳高动作，并且和他开玩笑说："帅不帅，你可不可以？有没有看清楚老师在髋部过杆的时候是否做到了展髋？只有你多用眼睛去看，用头脑去思考、去探究，你一定会学得很好。"他说："这样的帅，我也可以。"听到这句话，我想起小时候，我的教练问我行不行，我说能行，必须能。在练习当中，他经常会碰倒跳高杆。有一次，我看到他倒下的时候，压到杆的一头的腰部都瘀黑了一片，我连忙问他："让老师看看，痛不痛，需不需要老师带你去看看？"他说"没事"，之后拍拍屁股和手起来继续练习。第二天，我带了活络油来给他涂一下，并且询问他的情况，他说没事，我才放心。在后来的训练中，我用手机拍摄了邱灏练习的视频，让他给自己挑"毛病"。通过数次的沟通，他开始渐渐地在练习中反思自己的不足，练习的效果也越来越好，对跳高这个项目他是真心喜欢上了。看到他的进步，我想到年少时候的自己，也是好强、不服输。从那之后，我对他的爱不仅仅体现在训练中，在生活、课堂等方面都会多关注一下他，把他当作自己的朋友来相处。他可能是感受到我的关怀了吧，有时候也会分享一些自己喜欢的零食给我吃，见到老师也开始主动向老师们问好了。在最后的区运会比赛中，他获得了香洲区小学组男子跳高的第二名，以优异的成绩向老师展示出了自己的努力。爱动脑筋、锲而不舍的邱灏值得我们学习，是我们的骄傲。

【结果与反思】

我国教育家朱熹曾说过："教人未见意趣，必不乐学。"这句话充分说明了兴趣对学习的重要意义。学生的兴趣是提高教学质量的关键。如果教师在体育教学与训练中只是一味地让学生反复练习枯燥的动作，只会降低他们的学习热情，并使他们产生厌学态度，也就达不到让学生学习的目的。教育家陶行知先生也认为学习的过程是"趣—思—练—创"的过程。有了情感沟通和学习兴趣，学生才会积极主动地投入学习中去。

一个调皮捣蛋、不遵守课堂纪律、让老师抓狂的学生，为什么经过一个月的体育训练会有如此大的改变呢？短短一个月的时间里，从一开始老师认为的差生，转变为一个老师以他为荣的学生，主要原因还是在于教师对学生的付出、爱心与策略。正因为教师关心和爱护学生，对他的行为表现有换位思考和爱心，让学生感受到了温暖，把学生当作自己的朋友，在有困难的时候及时给予帮助，所以学生才将心比心，感受到教师对他的爱，从而对学习和生活有了更高的自信。教师在教学与训练中应想方设法地为学生提供自主学习的机会，使学生在教师的引导下潜移默化地培养自主学习能力、反思能力和创新思维能力，让学生们的身心得到全面、协调的发展。这也使我深刻地体会到在教育改革的今天，体育教师们要改变以往只注重知识与技能传授的思想，在教学中要采用多种教法和手段，营造宽松的教学与训练氛围，激发学生的学习兴趣，更多地重视学生在学习过程中是否学会学习的能力，从小传授他们"知其然，更要知其所以然"的学习方法。

作为一名小学的体育教师，要想把教育做好，首先要有一颗真诚的心，用爱滋润孩子们的心田。爱与换位思考要相结合，教师学会换位思考就能找到学生出现某种情况的原因，就能从源头上找到解决问题的办法。学生类似当年的我。当时我也想被老师关注，被老师爱护，得到老师的赞赏，因此才会出现不遵守纪律的情况。只要在教学时能换位思考，和学生多聊聊，教师总能把问题解决。

百年大计，教育为本，教育大计，教师为本。立德树人，立德是要树立一个良好的品德，树人是培养人才。陶行知曾经说过："先生不应该专教书，他的责任是教人做人；学生不应该专读书，他的责任是学习人生之道。"在教学中，教师要成为学生的良师益友，要保证既有教书也有育人。教育不单单是传授知识，而是一种与学生之间的心灵交流，只有将心比心，学生才会感觉到爱，才会产生学习热情。

教育需要爱心与换位思考。

在教学过程中，往往会有很多学生不遵守纪律、违背老师的初心。如果在这时候，我们不能将学生的错误纠正，选择用不理解的手段解决问题，那只能暂时解决学生的问题，却不能真正地纠正学生的品德，在之后的教学当中还是继续会出现类似的情况，反反复复教师终究还是不能纠正这种情况。假如我们换位思考，想一想学生为什么会出现类似的情况，站在学生的角度看问题，那么我们会不会得到不一样的答案呢？金无足赤，人无完人。每个学生都有自己的性格特点，我们不能总喜欢优秀的学生，对于平庸的学生我们也应该做到换位思考，替他们解决问题。相信经过我们的努力，学生会被我们细微的教育感动，在将来也能成为一名好学生。

教育部指出："要把立德树人的成效作为检验学校一切工作的根本标准。"我相信，在国家、社会与学校的正确领导下，我们一定能培育出祖国的花朵，培养他们成为社会主义的建设者和接班人。

案例原作者信息：珠海市香洲区第一小学 杨东宇

案例2点评：

创新思维培养应该从小开始。实际上，学生在青少年时期就常表现出良好的自主学习能力，他们会用自己的思维方式创造性地思考并解决问题。而对这种能力的培养，我们挖掘的远远不够。本案例中的邱灏同学在教师的引导下逐步地探究，反思自我学习。教师实际上是培养了学生"学会学习"的一种能力，使他养成了运用创新思维学习的习惯，使他逐步形成了创新的意识和能力，并让他获得了更多的成功体验，甚至影响与改变着他的内心情感，实现了育体、育智与育德的统一。

第十章　信息技术教学中的创新思维训练

【引言】

创新思维是指学生在学习知识、解决问题的过程中，能突破原有的思维定式，重组已有的知识、经验，提出独特的、新颖的观点或想法，能多维度创造性地解决问题。信息技术的飞速发展为学生的创新思维培养创造了条件，不仅创设了丰富的学习情境，还提供了多样的教学资源和工具，建立了以学生为中心的教学模式，发展了学生的创新思维。

【本章要点】

- 信息技术教学中创新思维训练的现状
- 信息技术教学中创新思维训练的方法与策略
- 信息技术教学中创新思维训练的案例

第一节 信息技术教学中创新思维训练的现状

随着信息技术的飞速发展，移动互联和大数据等新理念和新技术层出不穷，越来越多的国家将创新视为提升综合国力的重要因素，这加大了我国对创新型人才的培养力度。2014年，教育部在《关于全面深化课程改革，落实立德树人根本任务的意见》中强调，素质教育的实施要求学生具备创新思维能力。教育部在《教育信息化2.0行动计划》中也提出要加快建设创新实验室、创客空间等智能学习空间，提升学生的信息素养，使学生的学习方式从融合应用向创新发展转变，推动新技术支持下人才培养模式的变革。由此可见，培养学生的创新精神和能力已成为社会的共识。

创新思维是指学生在学习知识、解决问题的过程中，能突破原有的思维定式，重组已有的知识、经验，提出独特的、新颖的观点或想法，多维度创造性地去解决问题。[1]它建立在新技术和新发明的应用与推广上，多以思维成果（如新定义、新理论、新产品等）的产生及推广为标志，强调实用价值、市场需求和应用取向，旨在将新颖独特且有意义的想法实现出来，并得到社会的认可或在市场上取得效益。在信息技术的支撑下，学生的学习环境和学习方式发生了很大的变化，交互式电子白板、移动终端等设备逐渐走进课堂，教学的实时性反馈也大大增加。这些设备的应用在一定程度上激发了学生对新事物的好奇心，满足了学生的求知欲，也带来了教学模式的转变。STEM教育、创客教育逐渐得到应用，以学生为中心的课堂充分满足了学习者的需求。学生通过使用充足的教学资源和工具开展小组协作探究，提高了自身分析问题和解决问题的能力。同时，在信息技术的应用过程中，学生的创新思维也得到了锻炼。开放式的学习环境大大拓展了学生的知识量，使学生可以学到书本以外的更广泛的知识信息。学生利用工具开展合作探究也有利于发展自身的质疑、问难、想象、发散等多种思维能力，促进自身创新思维能力的发展。

在信息技术教育中，众多学者都对学生的创新思维培养做出了探索，如任剑锋、祁永珍以学习科学的相关理论为基础，构建了面向小学生创新思维培养的学习活动理论模型，涵盖了"准备""创造""分享"3个大环节及"先导""创意""设计""实现""总结"5个小环节，并以信息技术课程中的Scratch编程内容为依托，发现学生在创造力倾向测验的冒险性、想象力、好奇性和挑战性等维度上有显著提高，学生对信息技术课程的兴趣也逐渐浓厚，有创意且独立完成任务的人数逐渐增加。[2]邓文博利用 APP Inventor 开展程序与设计的课程内容教学，通过简单实现学生的创作想法，调动了学生创作的兴趣，实现了学生对基础知识的快速掌握及其程序设计教学内容的趣味讲解，培养了学生的编程思维、创造性思维等高级思维能力，提高了学生的成就感。[3]龚蕾在信息技术课程教学实践过程中引入 Moodle 这一国际顶级开源课程管理平台，构建了资源丰富的数字化自主学习环境和协作学习环境，建立过程性评价机制，促进学生创新思维与能力的形成，并在实践中建构促进学生创新思维培养的教学策略，以帮助学生形成良好的创新思维习惯和品质。由此可以看出，信息技术能够帮助学生实现以学习者为中心的学习方式。借助信息技术的支持，学生可以进行充分的在线预习、交流合作、在线测验等自主学习活动，改变自身被动接受知识的传统课堂教学模式。同时，虚拟现实技术能够帮助学生更好地体验作品的特征，使学生对自身的创意进行模拟与演练，帮助学生产生灵感、生成作品的创意，促进学生创新思维与能力的培养。

第二节 信息技术教学中创新思维训练的方法与策略

一、利用信息技术营造环境，培养学生的创新精神

创新是对创造性想法的发展和实现。在实践的过程中，学生需要进入情境，产生创新的需要。情境化学习理论认为：所有的学习都应该是情境化的，学习应该发生在真实的情境中，教师只有在真实情境中提出问题，才能让学生产生解决问题的需要。建构主义理论也强调教师首先要创设良好的教学情境，让学习者在真实的、复杂的情境中学习，引导他们利用自己原有认知结构中的有关经验，主动地同化和顺应当前学到的新知识，解决新问题，从而赋予新知识以某种意义。因此，利用信息技术创设情境，能够有效激发学生的学习兴趣，提高学习积极性，以促进创新思维能力发展。信息技术为知识的呈现提供了丰富的信息形式和手段，创造了生动、丰富的学习环境，为学生创设了一个个丰富多彩、生动活泼的形象情境，活跃了学生的思维。同时，形象化情境能充分发展学生的揭疑、质疑、想象、发散等多种思维能力，从而形成创新思维能力。

例如，在讲解画小房子课时，教师先用多媒体演示几幅由各种几何图形搭建的小房子的图画，然后依次提问：①图中的小房子由哪些图形组成？你们

还见过哪些形状的房子？（帮助学生整理表象材料）②除了现实中的房子，你们还可以想象出什么样的房子？（对表象进行初步加工）③闭上眼睛，在头脑中把你刚才所想象到的房子放入一个美丽的环境中，然后将它画出来。（对表象进行再次加工处理，形成雏形）在教师的启发下，学生的脑海中将具备图画的大致形象。然后，教师再分配任务，让学生充分发挥想象力，创作出作品。由于每个同学的思维方式不同，创作的画面效果也将不同。[4]

同时，教师也要营造"疑"与"思"的良好情境，给学生更多自我学习和钻研的空间，鼓励学生敢于标新立异，敢于质疑发问，敢于打破常规。

二、利用信息技术环境提供丰富的教学资源，活跃学生的思维能力

教学资源可以理解为一切可以用于教育、教学的物质条件、自然条件、社会条件以及媒体条件，是教学材料与信息的来源。它既包含物质资源，也包含信息资源，或称硬件资源和软件资源。其中，硬件资源主要是指网络教室、多媒体教室、电子书包、交互式电子白板等各种信息化硬件设备；软件资源包含多媒体素材、课件、网络课程、电子图书等教学材料和工具。随着教育实践的不断积累与扩展，教学资源都能够为教师、学生以及教与学的过程提供支撑。在教学资源构成的大环境下，学生可以主动地利用资源来满足学习要求。

教师利用信息技术环境可以为学生提供丰富的教学资源，突破书本为知识主要来源的限制，可以用各种相关资料丰富封闭的、孤立的课堂教学，从而极大地拓展学生学习的知识量，开阔学生的思路，使他们接触"百家"思想，打破时间和空间的限制，更大范围地给教和学提供丰富资源。一方面，学生可以通过多媒体资源拓展信息来源，延伸思维的广度；另一方面，学生也可以利用丰富的工具进行协作互动，如思维导图等。例如，吴静利用思维导图构建了创新型教学模式，为学生提供了自由的学习环境，引导学生进行合理的思考。学生通过自己确定关键词、探索知识之间的联系、绘制知识结构图的过程，对知识进行整体把握。在这个过程中，学生借助思维导图构建知识框架体系，能够快速区分所学知识的重点、难点，而且能够由"此知识点"联想到"彼知识点"。[5] 在这个过程中，学生的创新思维能够得到很好的锻炼和提高。

由此可见，思维导图等工具在能够帮助学生迅速理清知识脉络，将无序的知识可视化，加深学生对知识的认识，而且起到了"跳板"的作用，能够激发学生产生各种新的想法。同时，教师也要通过问题引导学生学会质疑，引导学生学会分析问题，使学生探索从不同角度解决问题的方法。学生通过体验自主解决问题的过程，能找到适合自己的思维方式，提高自身的思维能力。

三、利用信息技术创新教学模式，提高学生的创新思维

创新思维的训练要点在于其"决策性"，如对多种方案进行评价和优选、立足市场需求考虑产品的价值性、对产品设计提出具有说服力的推广方案等。教师借助信息技术可以改变传统教学模式，让学生参与到对方案的设计和实现过程中。在学科基础课程的教学方式上，教师要改变传统、单一的教师讲授、学生被动接受的方式，采取学生课前预习、课中共同分析与提高、课后升华与内化的教学思路。在具体的教学过程中，教师可以通过分层任务的方式引导学生进入情境，并让学生进行分组合作探究，培养学生的自主学习能力与小组合作学习能力。任务驱动法相比于讲练结合法更注重学习任务的设置，即通过设置相应的学习任务，学生在解决和完成学习任务的过程中，更容易实现对知识的掌握和技能的锻炼。

小组合作也是提高学生创新实践精神和能力的另一种方法。学生根据小组内商定好的解决方案和分工计划，展开协作，结合掌握的知识与技能独立进行操作，完成自己的分工。在这个过程中，如果出现问题或不知道怎么解决的困难，学生可以及时向组内同伴或教师寻求帮助，并且教师也应当给予其帮助。在团队协作的过程中，通过介绍成果，学生明确了知识或技能的应用方法与局限，从而在局限处开展创新，并能从与同伴的交流中获得新的想法，对成果进行优化完善，发展创新思维。

例如王卫斌设计了基于 Scratch 和开源硬件结合的小学程序设计教学模式，通过体验模仿、讲解领悟、讨论创作、交流分享四个阶段让学生开展活动，为学生提供了良好的学习体验，提高了学生的学习动机，发展了学生的创新思维。[6]

当今，在智慧校园环境的背景下，教师可以借助智能信息技术开展智慧教育的探索与实践，创生翻转课堂、生成性教学、可视化教学等新型教学模式，依托信息技术资源平台，积极开展新兴信息技术与学科内容的深度融合与常态应用，形成适合学科特点的信息化教学模式，创新教育教学实践，发展学生的创新思维。

第三节 信息技术教学中创新思维训练的案例

案例 1：Scratch 创意编程

【案例背景】

基于技术发展日新月异的现实和创造性人才培养的需求，以学生创新意识与创造思维培养为导向的创客教育得到了广泛应用，全国上下迅速掀起了一股创客教育的热潮，创新实验室、创客空间等智能学习空间相继出现。在基础教育领域，中小学将创客教育引入课程体系，通过基于项目的学习让学生将兴趣化为现实，鼓励分享，以提高学生的问题解决能力和协作能力。

创客教育理念提倡以学生为中心，尊重学生的个体差异性，以提升学生的观察能力、动手实践能力、创造性思维能力和团队合作能力为目标，培育学生的创新精神、科学素养和意志品质。

在辽宁锦州的一堂小学信息技术课程中，年轻教师为了验证创客教学模式能够促进学生的创新思维能力和创新操作技能，采取了基于创客教育的信息技术新型教学模式，为学生搭建了创客学习环境，将学生置身于一个自由、开放的空间，让学生在做中学，使其充分发挥创意、提升创新能力。课程的教材选用了辽宁师范大学出版社出版的《小学信息技术》，课程内容选取六年级上册"初识 Scratch"的第二节"校园一角"，班级人数为 42 人。

【案例主题】

本堂课的教学内容是初识 Scratch，包括关于 Scratch 界面基本操作、外观模块的使用、循环结构的应用、侦测模块的功能等知识点。在知识与技能维度，教师希望学生能学会使用"绘制新角色"按钮创建角色，并为添加角色创建造型，理解外观模块中和的不同用法。同时，教师在教学活动中采取分组的形式，让学生体会到与其他同学协同合作的重要性和与人分享的乐趣，提高学生的创新意识，培养学生的创新能力和勇于探索实践的态度，使学生积极主动地获取知识。在教学过程中，教师旨在通过基本的教学流程（情景启发、观摩展示—作品分析、要点讲解—任务模仿、构思创意—任务分层、激发创新—小组合作、动手操作—创意实现、作品分享—创意评价、归纳反思）激发学生的创新意识，培养学生的创新操作技能。

【案例描述】

课前，在准备阶段，教师先对学生进行 scratch 创意编程的基础知识掌握程度问卷测试。教师所选取的知识点为小学六年级信息技术上册中的"初识Scratch"。

（1）情景启发，作品展示。

在课程开始，教师先为学生铺设情境，通过创设与学生日常生活密切相关的情景来激发学生的创新动力。

师："同学们平时的课间爱好是什么？有没有同学喜欢玩跷跷板啊？"

生："有！"

师："有没有同学知道在玩跷跷板的过程中跷跷板发生了怎样的动作？"

生："体重大的人会压下去，体重轻的会上来。"

师："非常好！大家都知道跷跷板是如何运动的，接下来让我们一起看一下跷跷板的工作原理。"紧接着，教师打开 Scratch 工具，为同学们展示范例。

（2）观摩展示，探究作品。

教师在情景启发后，把课前制作好的作品让学生观摩，为学生留出充分的时间让学生自主探索作品的内容、结构、制作思路，促进学生的思维活动。

师："同学们看跷跷板的动画有什么新发现？在舞台区一共有几个角色？"

生："两个。"

师："非常好，这些角色分别由几个造型组成？这些造型是如何导入的？在脚本区使用了哪些功能指令？大家尝试点击一下各个按钮。"

在这个过程中，同学们仔细观察每个角色的脚本后，开始在电脑上进行操作，在理解画面的基础上，对情境内容进行分析、归纳，构思想要设计的场景和动画。

（3）作品分析，要点讲解。

学生在对教师展示的作品进行自主探究之后，教师需要找学生对作品的内容、结构等方面进行探究结果描述，目的是增强学生的认知过程。

师："大家都运行过脚本了吗？"

生："运行过了。"

师："脚本中一共有几个按钮？分别有什么作用？"

生："可以执行命令，重复命令。"

师："程序是如何被执行和重复的呢？这就涉及了不同的命令，我们可以发现，当按钮被点击的时候，就可以跳转到下一步程序，对不对？"

生："对。"

师："那让我们一起来看一下不同的命令有什么区别，请同学们在自己的电脑中尝试拉一些新的命令进去，观察有什么效果？"

在这一过程中，教师结合教学目标，对作品进行重点解读，在解读过程中引导学生领悟要点知识和实现该作品的策略，讲解基础的理论知识，排除学生在创新过程中的知识障碍。同时需要注意的是，在教学活动中，教师要注重知识的合理运用，而不是简单的知识讲解，要帮助学生建立程序的思维，构建严谨的逻辑体系，从程序的角度出发，让学生学会进行简单的设计开发。

（4）任务模仿，构思创意。

在这一过程中，教师让同学们尝试进行脚本的模仿，即再造性创造。教师一方面帮助学生构建知识点和经验系统，另一方面训练学生的创新操作技能的能力。

师："请同学们新建一个脚本，将跷跷板的程序重新写入一次。"

生："好的。"

师："同学们也可以加入一些新的命令，看看程序会有什么不同的变化，我们待会请一些同学来展示程序。"

这一环节主要锻炼学生的操作技能，让同学们重新进行脚本的模仿可以锻炼学生的动手能力，避免眼会手不会的情况。同时，教师也要提醒学生进行模仿创新，在现有作品中加入新的元素，激发学生的创造欲。

（5）任务分层，激发创新。

在这一过程中，教师将完整的动画脚本制作分成不同难度层次的任务，并通过操作的方式让学生逐渐体验脚本的制作过程。

师："同学们的程序都完成得非常好，接下来请同学们观察第二个例子，对照这个例子，思考以下问题，首先是动画场景里共有几个角色？角色是如何导入舞台上的？

生："动画场景中一共有2个角色，可以通过添加按钮导入。"

师："非常好，在这个动画场景中的舞台上，每个角色分别有几种造型？不同的造型是如何导入的呢？"

生："每个角色都有2种造型，通过不同的按钮产生不同的动作。"

师："很好，用鼠标点击脚本之后，同学们观察一下角色发生了怎样的变化？"

生："不同的按钮可以使角色发生不同的变化。"

师："大家说的都很对，功能模块区域的脚本颜色有很多种，功能也有所不同，大家可以试着把这些不同的颜色模块堆积起来。"

　　这一环节的主要目的是激发学生创新思维能力。教师作为教学活动的辅助者，要通过引导使学生将已有的知识应用到新的学习中来。教师要对学生知识的创新加以引导，启发学生在哪些方面可以创新。同时，教师要对学生创作过程中的创意进行评价和修正，以确保学生有能力完成知识的创新与应用。

　　（6）小组合作，动手操作。

　　师："接下来，我们一起进入创意制作环节，现在每3人一组，我们一共分为14个小组开展活动，大家可以根据之前尝试的创意进行实践再造。每个小组都要有一个设计师、一个实验者和一个汇报人，大家可以自己分工，找到想要扮演的角色，15分钟后进行小组展示汇报。"

　　生："好的。"

　　在这个环节中，小组成员互相讨论、协同合作，在规定的时间内完成了作品的创意制作。需要注意的是，在学生创作的过程中，教师要扮演协同和引导的角色，走进学生的创意中去，学生可以向教师寻求技术的帮助，教师一定程度上要给予技术上的帮助，但不能以范例的思路去影响孩子的创意思维。

　　（7）创意实现，作品分享。

　　师："请同学们上交作品，老师会展示每一个小组的作品，请大家认真观看。"

　　生："好的。"

　　在展示作品的过程中，教师可以对作品提出疑问。

　　师："大家可以看秋千这一组的脚本，与其他的作品有什么不同？"

　　生："多了一个重复按钮。"

　　师："所以我们发现，当在程序中添加一个重复按钮时，动作会重复出现。但如果我们限定此处，可不可以实现呢？"

　　生："可以。"

　　师："同学们也可以对自己感兴趣的作品提出问题。"

　　在这个环节中，同组内的学生首先进行同组分享，紧接着和全班的同学以及老师分享。大家共同观看不同小组的作品，更能促进相互学习，进一步对自身作品进行改进、完善。作品分享可以让学生分享设计过程的乐趣、解决问题的思路，增强学生创新的信念和创新的热情，让学生坚定创新。

　　（8）创意评价，归纳反思。

　　在展示了大部分学生的创意作品后，教师发现大部分学生通过对每个例子逐一欣赏，找到自己感兴趣的作品进行欣赏研究，再模仿其中的脚本结合自己的创作思路设计自己的作品；小部分学生是在研习范例的基础上，把背景及角色进行适当的修改，每个角色都增加了不同的造型。

师："我们可以观察一下第四小组和第七小组这两种脚本的呈现方式有什么不同之处呢？"

生："他们都是在同一个案例中进行加工再造的。"

师："很好，我们可以看出有些共同的脚本可以直接嫁接，切换到任意想选取的造型，这是一个小技巧，你学会了吗？"

生："学会了。"

师："好，那这节课就上到这里，下节课再见。"

生："老师再见。"

在这个过程中，我发现学生在有限的时间里制作出来的作品，其完成的程度会不尽相同。在评价学生的创意时教师应对学生的创意提出基于学生创作思路的评价，从了解学生的创意思路出发，引导学生完成创作模型，帮助学生发掘潜在的学习能力和创新能力，帮助学生树立学习的自信、提高自我，培养学生创新能力。

【结果与反思】

课程结束后，通过仔细的课堂观察，我们可以发现，教师采取基于创客教育的信息技术教学模式，能够吸引学生的兴趣，同学们对创新活动表现出了极大的热情，能够在较短的时间内列举出更多的创意设计的案例。教师通过与同学们交谈可以发现，基于创客的教学模式给予了学生充足的时间进行实践，scratch 中多种多样的角色也提高了他们对学习的兴趣，合作探究的形式也加深了同学们之间的友谊，让他们获得了充足的成就感。

从同学上交的作品来看，同学们在自由搭建、创作脚本的环节表现较为活跃，可以用不同的脚本去实现创作，在教师提供的展示作品的基础上，能够举一反三地利用控制和循环模块创作出更加富有创意的脚本，并且能够将现有角色转换成自己喜欢的角色。有的同学还能够增加声音的脚本，形成了创新思维，增强了创新操作能力。

案例原作者信息：辽宁省锦州市 于宝东老师

【案例点评】

本节课来自辽宁锦州于宝东老师的信息技术课程，教学内容是"初识Scratch"，包括关于 Scratch 界面基本操作、外观模块的使用、循环结构的应用、侦测模块的功能等知识点，采取了以创客教育为核心的教学模式。在教学过程中，教师以学习者为中心，制定了紧凑且高效的教学步骤，通过情境的引入和故事的启发，提高了学生的学习兴趣，通过点讲解环节、探究作品环节、激发创新等环节的循序渐入，使学生充分利用时间开展小组讨论、协同合作完成创作，拓展了自己的思路，触发了自身的灵感，培养了学生的创新思维能力，提高了学生的创新操作能力，加强了学生的沟通协作意识和与人分享的精神，提高了学生的信息素养。

案例 2：会看杯子的饮水机

【案例背景】

在移动互联网、大数据等新技术、新趋势的影响下，人工智能作为引领未来的战略性技术，成了国际竞争的焦点。为牢牢把握人工智能发展的新特征、新技术，推进新一代与人工智能相关的学科教育发展，提高全社会对人工智能的认知和应用水平，《新一代人工智能发展规划》明确要求"在中小学阶段设置与人工智能相关的课程，逐步推广编程教育"，并鼓励编程教学软件、游戏的开发和推广，积极推进程序设计教学进入课堂。

在广东省中山市的一堂小学信息技术课程中，教师为了加强学生的逻辑思维，培养学生的编程思想，从生活情境出发，选择了学生较为感兴趣的课程主题：会看杯子的饮水机。以平常的饮水机为主体，教师先让学生分析现有饮水机的优缺点，然后思考如何将其改造成具有人工智能特点的饮水机。

【案例主题】

教师认为，在小学人工智能教育中，教师自身要从身边事物出发，为学生铺设生活化的情境，使学生能够对各种常见的事物进行探索、改造。教师通过逆推式思维的思考方式才能让学生掌握编程思维的方法和技巧，提高学生的问题解决能力和创新实践精神。

本堂课的主题是会看杯子的饮水机。教师旨在让学生通过对比普通饮水机和智能饮水机的区别，对饮水机开关进行智能化的改造探究，通过目标导向的方式分析现有产品的特点、性能，提出优化改造方向，并通过合作的方式让学生亲自经历探究的过程，在解决问题的过程中整合知识学习，促进思维的发展，提高学生利用信息技术解决问题的能力，发展创新思维。

【案例描述】

（1）铺设情境，引发思考。

师："同学们好，这一节课我们一起来探究饮水机的改造，首先问大家一个问题，生活中的饮水机大家见过几种呢？"

生："按键式的，还有触碰式的。"

师："非常好，大家说的都很对，生活中常见的有按键式饮水机、推压式饮水机等，这些饮水机使用起来有什么优缺点呢？"

生："按键式饮水机在使用的时候会出现按下开关后忘记关水的现象。"

生："按压式饮水机在使用的时候就必须腾出一只手去按着开关才能装水。"

生："推压式开关必须用手拿着杯子推压进去才能出水。"

师："大家总结得都非常对，生活中常见的饮水机在使用的时候总会出现一些小纰漏。今天我们就对普通饮水机进行改造，尝试做一款'放上杯子自动装满水'的饮水机。"

生："好！"

在这个环节中，教师首先引导学生分析各种饮水机开关的优缺点，从而进入对饮水机开关进行智能化的改造探究话题，点明主题，提出智能化改造方向：放上杯子自动装满水。

（2）功能分析，明确流程。

师："接下来，让我们一起分析一下需求。为了达到杯子放到饮水机上就可以自动装满水的目的，首先要先判断杯子是否已经装满水，那么我们如何才能知道水满了呢？"

生："杯子里的水有刻度，杯里面的水的高度等于杯子的最高刻度时就是水满。"

师："非常好，大家说得很对，我们可以通过对比杯子的刻度最大值和杯子的高度，就可以判断水是否装满。所以，我们要先获取水的高度。但水的高度是不是一直固定不变的呢？"

生："不是，在装水时水的高度是不断变化的。"

师："很好，这就是变量这个概念。我们知道，水的高度在变化，而杯子的高度却不变，因此我们对比的就是一个变量与定量，大家明白吗？"

生："明白。"

师："除此之外，是不是还需要有一些基础的程序，才可以顺利执行，例如，改造后的饮水机要先感应到杯子放了上去，才能开始判断水的高度和杯子的高度，对不对？"

生："对。"

在这一环节中，教师通过不断的引导提问帮助学生逆推思维，分析要实现程序必须经历哪些步骤，然后得出完整版的流程图。整个过程既培养了学生分析问题、解决问题的能力，又培养了学生的编程思维和计算思维，让学生在无形中学习与掌握相关的流程和思维方法。

（3）实践验证，功能模块的选定。

师："接下来，让我们打开图形化的编程软件，验证一下之前的猜想。"

生："好的。"

师："首先是控制饮水机出水需要设置开关，它的功能是？"

生："饮水机打开和出水。"

师："非常好，接着是杯子放到饮水机上，饮水机通过感应器感受到杯子，这里应该有感应的开关，它的功能是？"

生："杯子放到饮水机上，饮水机就会打开和出水。"

师："正确，那如何判断水满呢？需要添加什么按钮？"

生："要添加杯身高度的感应模块。"

师："没错，只添加杯身高度的感应模块够吗？能不能达到目的？"

生："不能，需要对比杯身的高度和水的高度。"

师："非常正确，最后还需要添加杯内水位的感应模块，随时对比杯身的高度和水的高度，这样才能实现杯子放到饮水机上、饮水机打开、判断杯子水装满、饮水机关闭的目的。"

这个过程是作品的创作验证过程。经过对各种开源硬件功能模块的作用分析考虑，再针对探究作品相应位置要实现的功能，教师进行由易到难、循序渐进的探究提问，引导学生选择 Mixly 程序中高低电平的输出控制继电模块控制出水口的开关。而杯底的感应，在分别用超声波测距模块以及光敏传感模块进行试验后，学生选择了光敏传感模块。在本主题探究中，杯身的高度感应是难点，这涉及了一个新的概念——变量。对于变量的获取方式学生接触较少，这时，教师就需要适时进行指导。

（4）程序编写，智能转变。

师："完成了实验验证后，我们进入下一个重要的阶段——程序编写。大家先思考一下，这个程序中有几个变量？这些变量分别是什么？"

生："这个程序有三个变量：杯子的高度，水位的高度，还有水位是否装满的高度。"

师："非常好，有了这三个高度后，我们需要比较杯身的高度与水面的高度，判断水是否被装满。现在有一个超声波测距模块，这个模块可以测量超声波模块与水面位置的距离。同学们思考一下，这个距离是什么？"

生："是水面的高度。"

师："非常好，有同学知道为什么吗？"

生："超声波模块离杯底的距离与水面距离的差值就是水面的高度。"

师："非常正确，这就是数据的转移。大家要知道，超声波模块与水面位置的距离就是水的高度。只有得到水的高度，我们才能判断它与杯子的高度是否有相差，进而判断杯子是否装满水，大家明白了吗？"

生："明白了。"

师："现在请大家用 Mixly 编写三个主要的变量部分程序段，我们待会请同学来展示一下程序。"

这个过程是程序的编写过程。此环节的探究学习，能有效地培养学生的计算思维和编程能力。学生们也要通过不断地编写、上传然后进行实物测试，才能真正赋予"会看杯子的饮水机"看杯子装水的能力，让其具备人工智能的相关性能。这个编程调试的过程就是智能化的转变。

（5）程序演示，课程总结。

师："接下来，我们请第一小组的同学来演示一下程序的运行情况。"

生：演示程序。

师："在这个过程中，有没有遇到什么问题？"

生："我们第一次把超声波模块离杯底的距离与水面距离的差值写反了，导致运行的数值一直是负值。后来，跟其他小组对比了一下程序，才改正。"

师："嗯，很好，这个小组遇到的是大家经常会犯的错误，同学们写程序的时候一定要仔细，写完后及时进行检查。"

生："好。"

师："这节课我们学习设计会看杯子的饮水机，学习到了新的变量以及不同的感应模块，在编写程序时，也发现了新的数据转移方式，即超声波模块与水面位置的距离就是水的高度，通过测算距离可以感应到水的高度，从而知道水在什么时候会被装满，大家都学会了吗？"

生："学会了。"

师："好，那这节课我们就上到这里，同学们再见。"

生："老师再见。"

【结果与反思】

人工智能是社会发展的趋势。在小学教育中推广人工智能的学习、探索，能让学生提前了解社会发展的步伐。本堂课以"会看杯子的饮水机"为主题，通过教师连续的引导提问，促进了学生的思考，推动了问题的解决，帮助学生快速的达成目标，完成知识的迁移应用，增强了学生分析问题、解决问题的能力，培养学生动手实践的能力以及编程思维和创新思维。同时，教师示范完成后，学生通过完成真实的编程任务，增强了对计算机编程的认识和理解，并利用作品的展示提高了学习过程中的参与感与成就感，促进了创新思维的发展。

案例原作者信息：广东省中山市古镇曹三小学 刘建国老师

【案例点评】

本节课来自刘建国老师（广东省中山市古镇曹三小学）的信息技术课程。教师从生活出发，选择了学生熟悉的饮水机作为探究主题，让学生进行探索、改造，并采用 Mixly 图形化编程工具进行实践，大大降低了学生学习的门槛。教师通过与生活紧密相关的人工智能故事或应用场景，帮助学生认识到了什么是人工智能，并采用简单编程设计作品或作品二次开发提升了学生的信息意识、计算思维、数字化实践能力、信息社会责任。

【参考文献】

[1] 龚蕾.基于Moodle平台的创新思维培养探究——以高中信息技术为例[D].重庆:西南大学,2020.

[2] 任剑锋,祁永珍.面向创新思维培养的小学课程学习活动设计[J].电化教育研究,2020,41 (3):108-113.

[3] 邓文博,张文兰.基于APP Inventor培养中学生创造性思维的设计研究[J].电化教育研究,2015,36(8):95-99.

[4] 李加兴.巧用信息技术,培养创新思维能力[J].考试周刊,2014(77):171-172.

[5] 吴静.基于思维导图培养学生创新思维的教学模式研究[D].石家庄:河北师范大学,2012.

[6] 王卫斌.Scratch和开源硬件结合的小学程序设计教学活动设计研究[D].无锡:江南大学,2019.

第十一章　科学教学中的创新思维训练

【引言】

小学科学是一门以观察、实验为基础的综合性学科，课程内容包含物质科学、生命科学、地球与宇宙科学、技术与工程四个领域。小学科学课程具有基础性、实践性、综合性的特点，对于培养学生的科学素养、创新精神和实践能力具有重要的价值。科学课程本就是一门为学生孕育各种创新想法的基地，其教材中拥有丰富的材料和内容供学生不断发展其创新思维。在科学课堂提高创新思维能力正是培养学生创新思维的最佳切入点。

创新思维是在准确把握科学规律的基础上与时俱进地解决现实问题的科学思维，注重思维主体与现实客体的有机结合，是思维主体者积极的思考、巧动的表达过程和结果。[1]小学阶段的学生思维束缚少，对身边事物和世界万物都具有强烈的好奇心、求知欲和探索精神，这正是推动学生不断探索的内在驱动力。小学科学课程中充满了各种对未知事物的探索，在实践活动中的学生就是一个发现者和探索者，学生在探索中对未知事物充满了兴趣和好奇，并迸发出各种稀奇古怪的想法，这正是创新思维的伊始。若在这时教师能对学生有意识地进行创新思维的培养，不仅可以进一步激发学生对科学探究的兴趣，更能激活学生的创造力。

【本章要点】

● 科学教学中创新思维训练的现状
● 科学教学中创新思维训练的方法与策略
● 科学教学中创新思维训练的案例

第一节 科学教学中创新思维训练的现状

新华字典对创新的解释为抛弃旧的，创立新的；英语中创新（innovation）的意思是革新、创意、改革、新方法、新奇事物等。创新是人类为了满足自身的需要，不断拓展对客观世界及其自身的认知与行为的过程和结果的活动。广义上理解，创新性思维是指在科学活动中的发明与发现的创新思维过程，这一过程是多种思维形式与思维方法的整合，即在创造过程中发挥作用的一切形式的思维活动。狭义上理解，创新性思维则指科学技术活动中提出创新的思想、创新的方法或是获取创新成果的思维活动方式，即指人们依据长期积累起来的经验对研究对象进行思考时，不受某种固定逻辑规则的约束，直接领悟对象本质的思维形式。创造性思维的形式和方法是多种多样的，包括潜意识、联想、想象、形象思维、直觉、顿悟和灵感等思维活动。

一、创新思维训练的已有研究

创新思维训练是一项系统工程。增强创新思维的意识，掌握创新思维的方法，进行创新思维的实践是其中必不可少的三个中心环节，是决定活动能否达到预期目的的前提、基础和关键。

按照方法，创新思维训练必须突出四个方面的内容。

（一）多种思维方式的训练

初步掌握发散思维、逆向思维、直觉思维等思维方法。在训练中，学生不仅要初步了解和掌握这些方法，还要深刻领会这些科学的思维方法在认识事物的过程中起到的奇妙的作用，并能自觉地将创新思维方法运用到平时的学习、生活和各种活动中去。

（二）基本创新思维的训练

在掌握创新思维方法的同时，学生必须掌握基本的技法，其基本思维程序是："观察—联想—思考—筛选—设计。"深入细致地观察事物是创新思维的起点。学生通过观察，触发联想，提出问题，然后进行广泛深入的思考，设想出种种解决问题的办法；通过科学的筛选，选出较好的设想再进行周密的设计。

（三）系统综合能力的训练

创新思维并非游离于其他思维形式而存在，而是包括了各种思维形式。创新思维是以感知、记忆、思考、联想、理解等能力为基础，以综合性、探索性和求新性为特征的高级心理活动。该训练就是要让学生将学到的各种思维方法、技能融会贯通，系统把握，综合运用，使学生全面而不是片面，辩证而不是教条，灵活而不是机械地观察问题、提出问题、分析问题和解决问题，培养学生创新性地掌握和运用所学知识的能力。

（四）联系实际，进行创新思维的实践

训练要培养学生发散思维的流畅性。流畅性指发散思维的量，即在较短的时间内产生较多的联想。世界上客观事物总是相互联系的，具有各种不同联系的事物反映在头脑中，可以使人形成各种不同的联想。

创新思维的特征除了非常规性外，还要求学生必须具有积极主动和进取的心态，去敏锐观察、发挥想象、活跃灵感、标新立异，将全部积极的心理品质都调动起来。

二、科学教育创新思维训练的不足

（一）缺乏具有创新精神的教师

如何培养具有创新能力的人才以适应社会的发展需要，是摆在我国广大教育工作者面前的重要问题。要做到这一点，关键在教师。只有具有创新精神和创新能力的教师才能对学生进行创新能力的培养。但由于种种原因，学校对小学科学学科不够重视，小学科学教师多数都是由其他教师兼任，缺乏专业的师资队伍，直接影响了教学效果。在课堂上，教师只能是按照教材照本宣科地进行知识的灌输。所以，目前小学科学教师的创新精神远不能适应当今创新能力培养的要求，传统的教育方式已经成为培养学生创新精神的阻碍。

（二）缺乏创新思维训练的方法

现阶段，我们强调培养学生的创新精神和动手能力，但学生的创新能力和动手能力却未能得到明显的提升。在科学课程教学中，我们重视学生整体素质的培养，却忽视了每个学生个体的成长；注重学生的共性，强调整齐划一，却忽视了学生的个性发展；一直说需要创新，但没有完善的评价标准。对激发学生的求知欲、培养学生的观察力和提升学生对问题的质疑能力等创新能力的

培养，大部分教师都缺乏有效的训练方法。

（三）缺少创新思维训练的场所

尽管小学科学是我国基础教育的重要学科，是培养学生科学意识、创新意识以及创新能力的启蒙科目。但是，在当前的小学科学教学当中，许多学校的科学实验器材无法满足科学教学，甚至连科学实验室都没有。有的农村小学，自新课程标准颁布以来，学生从未在科学实验室上课，无法参与创新实践活动。

第二节　科学教学中创新思维训练的方法与策略

一、创新思维训练的方法

随着小学生年龄的增长及知识和经验的不断丰富，其思维形式会逐步发生变化，其思维方式会由具体形象思维向逻辑思维过渡。小学阶段是培养学生思维能力的关键时期，因此小学科学课堂对培养学生的思维能力有着举足轻重的作用。

（一）在提问中启发思维

课堂提问是一种艺术。科学教师要善于设计问题，创造问题情境，并以问题为中心组织教学，提高学生积极思考、独立探究的能力，启发学生的思维。例如：教师在教授粤教版小学科学五年级上册中的"产生泡泡的秘密"一课时，创设杯子中产生气泡的实验情景，让学生观察。问题1：桌子上摆放着什么？（桌子上摆放着白醋、小苏打和一个盛着液体的杯子）问题2：杯子里的液体产生了什么现象？（杯子里的液体在冒泡泡）问题3：杯子里的液体到底是什么呢？杯子中的液体为什么会产生气泡呢？这个气泡又是什么呢？

（二）在猜想中引导思维

在科学教学中培养学生的思维需要教师的引导和鼓励。"大胆猜想，科学论证"，这是学习小学科学这门课程的重要方法。科学课堂就是要带着学生的好奇心，让学生大胆猜想、小心求证，从而逐步培养学生的科学思维能力。例如：在学习粤教版小学科学三年级下册中的"温度的测量"一课时，在学习"热水变凉"的降温规律时，教师提出问题引导学生思考："如果每次测量间隔的时间相同，温度的下降有规律吗？如果有规律，可能是什么样的规律呢？"
学生通过小组说和议，猜想估计有这样两种可能：一种是热水变凉的过程中温
度变化有规律（温度变化先快后慢，温度变化先慢后快，温度变化速度均匀）；
另一种可能是温度变化没有规律。积极思考、开展假设，学生的思维能力就是
这样在教师的引导下逐步培养起来的。

（三）在实验中激发思维

心理学的研究表明：儿童探究能力的形成需要在实践中成长，需要反复
的模仿练习，而知识的获取要通过感性经验的积累，才能逐步形成理性的认
识。因此，教师就应该鼓励儿童，动手动脑"做科学"，在实验中激发思维的
火花。

（四）在关键期中发展创新思维

心理学研究成果表明：大脑的发育有一个关键时期，在这个关键时期内，
外界的刺激具有重要意义。人的脑神经细胞的 80% 是在 15 岁以前形成的，到
18 岁以后就很少有新的脑细胞生成了。因此，我们必须抓住小学生思维发展
的关键期，在小学科学课上大力开展思维训练，促进创新思维发展。创新思维
训练并不像人们想象的那样高不可攀。我们每位教师在自己的教学、学习和生
活中，都在或多或少地、自觉不自觉地进行着创新。如教师在引导儿童分析科
学现象、探究科学问题时能够尽可能多地增加头脑中的印象，从不同视角去观
察问题，鼓励小学生对现有的答案提出疑问、进行质疑，让学生另辟蹊径、别
出心裁地提出新的假设和构想，去找到第二种乃至更多的解决方法。训练能够
使儿童从不同角度去观察分析，让学生运用发散式思维、逆向思维、形象思
维，运用想象力进行联想，使儿童创新思维能力的发展有一个质的飞跃。

（五）在科学实践中拓展思维

学生的思维能力是一个螺旋上升的过程，可以通过各种科学实验和科学
实践锻炼出来。因此，培养学生的思维能力不能局限于课堂教学中。例如教师
在教授粤教版小学科学四年级上册第三单元中的"声音的传播"一课时，在结
束了这节课之后将拓展训练延伸到课外，鼓励学生课后收集材料，制作一个土
电话。

（六）在改进评价中激发思维

获得认同感是每个人的需求，更是小学生的需求，这是心理学的研究早

已证明了的。为了激发学生的思维发展，教师必须改进评价方法，看到学生的差异，正确对待学生的错误，着力挖掘学生的潜质。教师在科学课堂上要善于抓住学生的思维火花，细心呵护，不吝啬自己的表扬。哪怕是"后进生"也一定会有闪光点，教师哪怕表扬他一次，让他有那么一次成功的体验，也许就是他一辈子的"骄傲"。正所谓"良言一句三冬暖"！

作为科学教师，我们可以从多方面改进评价方式。例如，学生在小组实验中进行综合评价，小组获得好评，这是集体荣誉，也是个人的荣誉，可以加"星"；学生可以个人自评，学生自己觉得比前面进步了，就可以加个"星"，回答问题更积极也可以加"星"；学生还可以互评，你在今天的科学课堂中有进步，我给你加"星"，你积极思考、积极参加讨论，我给你加"星"；教师对学生课堂表现要及时评价，可以对学生近一个阶段的情况进行综合评价。

二、创新思维训练的策略

（一）创新科学教学

教师把创新教育渗透到科学课中，应充分调动学生的积极性和主动性，让学生主动参与、主动发现、主动探索，给予学生观察、实验、想象、推理和科学实践等活动较充分的时间和空间，使科学课成为在教师引导下的学生对科学知识和现象进行主动探究和发现的过程。科学教师在带领学生进行探究活动时，一定要悉心呵护学生宝贵的创新火花，哪怕是简单的一个念头、一句话、一个改动、一次评价，都要鼓励学生大胆地去尝试、去创新。对于小学生而言，只要对他们来说是新探索、新发现，我们都应给予他们积极的评价。成功的体验是一种巨大的情感力量。教师的肯定和激励，会使学生产生更大的创新动力。

1. 挖掘创新素材

生活中的创新素材十分丰富，科学教材中也蕴涵了丰富的创新素材。因此，教师在教学中要充分挖掘教材中的创新素材，并在教学中注重启发引导，以此培养学生的创新意识。为了帮助学生揭开创新的神秘面纱，体会到创新并不神秘，教师要时常给学生介绍一些青少年小发明、小创造的故事。如介绍鲁班根据小草割伤他的手发明的锯子，利用沉淀、过滤、消毒方法发明的家庭净化水装置，刻度不会磨损的双层塑料尺，利用磁铁的性质做成的钓鱼玩具、擦窗器，等等。

2.用实验引导创新

科学课要加强实验教学，让学生在"做"中学。如教师在教授粤教版小学科学三年级下册中的"液体的热胀冷缩"一课时，让学生观察水在受热与受冷时体积的变化过程时，先利用上节课的实验装置"试管气球皮实验"，把两个试管放入不同温度的热水中。通过气球皮的鼓起程度，学生无法判断这两杯水的冷热，这让学生感受到设计一个好的实验装置是非常必要的，并在此基础上展开对实验装置进行改进的讨论。学生在讨论后提出了不同的改进方案。改进方案一：水是透明的，看不太清楚，可以加点红水。改进方案二：口子太大，上升不明显，可以用塞子和细管。这样水的体积只要增加一点点，在细管里就会上升一大截。改进方案三：水温差明显一点。学生在提出方案二后，出示锥形瓶，套上塞子和管子，灌满水，滴上红墨水。这时学生进行实验的积极性已经完全被调动了，在探究水在受热、受冷后体积的变化时也已驾轻就熟。

3.重视想象力的培养

想象是人们对记忆中的表象进行加工改造后得到的一种形象思维，在创新中有着极其重要的作用。想象是创造的前奏，没有想象就没有创造。爱因斯坦曾说过："想象力比知识更重要。"想象有助于打破原有联系方式的局限，使人从新的角度去看待事物，从而起到拓展思路、激发创新思维的作用。儿童时期是想象力最丰富、最活跃的时期。科学课对培养和发展学生的想象力有着得天独厚的优势。科学涉及面很广，包括动物、植物、人体、物理、化学、天文、地理等，这给学生想象的展开提供了良好的条件。在教学时，教师可充分利用实物图片、视频等来帮助学生积累丰富的表象，让学生在小组合作学习过程中相互交流、相互启发，拓宽想象空间。

（二）开展课外科技活动

课外活动可以不受教材制约，可独立、自主地开展创新教育，是丰富学生精神生活、拓宽视野、陶冶情操、激励创新的有效阵地。

1.校本教材的开发

《基础教育课程改革纲要（试行）》指出："学校在执行国家课程和地方课程的同时，应视当地的社会、经济发展具体情况，结合本校的传统和优势、学生的兴趣和需要，开发或选用适合本校的课程。"目前创新教育相关教材并不多见，学校应在学习国内外课程改革及校本教材开发的有关理论基础上，广泛征求学生和同行的意见，在专家的支持、帮助下，开发具有创新教育特色的校本教材。

2. 创新社团

学校可在兴趣小组的基础上根据学生的兴趣及特长成立各种创新社团，通过丰富多彩的社团活动培养学生的兴趣及特长，如开设创造活动课或创新思维训练课，通过邀请校内外创新专家、学者开设反映当代科学技术新知识、新成果、新动向的科普知识讲座，以拓宽学生的知识视野。社团可以专门负责学校的科普教育活动和科技活动，可以通过举办"小小发明家""生活小窍门""环保金点子""小论文展评"等科技活动，活跃学校的创新氛围。

（三）创设创新的学校环境

教育家陈鹤琴指出："怎样的环境，就得到怎样的刺激，得到怎样的印象。"学校环境作为一种隐性课程对学生有潜移默化的影响。学校环境是重要的教育资源。学校要调动校内一切可利用的科学资源，营造良好的科学教育校园环境。

除了教室、创新室、气象站、园艺场、生态园、科技广场等环境的布置外，学校可创建科技长廊，内容可包括科技知识介绍、科技成果展示、科技动态专栏、创造发明专题等。学校还可以创建科技馆。科技馆是科技创新教育的专业场所，集科技教学、作品展示、学生参与于一体，可以让学生体验到科技带来的乐趣，激发学生探索科学奥秘的欲望，并能把课堂教学、课外科技活动有机地结合起来，形成一个和谐的充满着生机的科学教育环境。

第三节　科学教学中创新思维训练的案例

教学案例是事件。教学案例是对教学过程中的一个实际情境的描述。它讲述的是一个故事，叙述的是这个教学故事的产生、发展的历程，是对教学现象的动态性的把握。教学案例是含有问题的事件。事件只是案例的基本素材，并不是所有的教学事件都可以成为案例。能够成为案例的事件，必须包含有问题或疑难情境在内，并且也可能包含有解决问题的方法在内。正因为这一点，案例才成为一种独特的研究成果的表现形式。

案例是真实而又典型的事件。案例必须是有典型意义的，必须能给读者带来一定的启示和体会。案例与故事之间的根本区别是：故事是可以杜撰的，而案例是不能杜撰和抄袭的，它所反映的是真实发生的事件，是教学事件的真实再现，是对"当前"课堂中真实发生的实践情景的描述。它不能用"摇摆椅子上杜撰的事实来替代"，也不能用从抽象的、概括化的理论中演绎出的事实来替代。

小学科学教育的创新思维训练案例，主要体现在小学科学学科的课堂教学、实验教学、课外实践活动方面。教师在教学中要有意识地引导学生在实践中发挥创造力，不断开发、增强学生的创新能力。如，教师要教导学生用"求异"的思维去看待和思考事物，有意识地从常规思维的反方向去思考问题，用发散性的思维看待和分析问题，主动地、有效地运用联想，学会整合，客观地去看待事物。

案例 1：流动的空气创新思维教学案例

【案例背景】

《小学科学课程标准》中指出：小学科学课程是以培养科学素养为宗旨的科学启蒙课程，使学生能通过观察、实验制作等活动对问题进行探究。所以，我国的科学教育全面铺开。对此，我们学校的科学课是开足开齐的，十分重视对学生的创新思维能力的培养。作为科学课教师，我们知道学生喜欢科学知识，喜欢动手实践去验证自己的想法。

【案例主题】

本案例以教科版小学科学三年级下册第二单元第三课——流动的空气——作为实践课，让学生在活动中了解空气是怎么流动的，在活动中充分体现"科学学习要以探究为核心"这一基本理念，引导学生充分经历探究的过程，让学生在探究中培养创新思维能力，并能使学生从中体验到乐趣。

【案例描述】

一、教学目标

（一）科学概念

空气可以流动，流动的空气就是风。风是空气在外力的作用下产生的流动。空气有热的也有冷的，其流动的速度有快有慢，因此也有热风和冷风、大风和微风的区别。

（二）过程和方法

（1）能够借助媒介理解空气流动可以形成风，并理解风是空气在外力的作用下才产生流动的。

（2）学会运用画图的方法记录观察到的现象，并能表述清楚。

（三）情感、态度和价值观

学生在对空气流动形成的观察研究活动中能保持强烈的探究欲望和浓厚的探究兴趣，并且善于发表自己的见解、乐于与其他同学合作交流。

二、教学重点、难点

让学生画出空气流动的轨迹，并能表述清楚。

三、设计理念

（1）教学要充分体现"科学学习要以探究为核心"这一基本理念，要引导学生充分经历探究的过程，要让学生在探究中培养能力和素养，并能体验到其中的乐趣。

（2）教学要充分体现"以人为本"的教学理念。科学课程应是开放性的，不但在课堂中让学生有自由空间，同时在学习内容、活动组织等方面，要提供选择的机会和创新的空间。

（3）教学内容要贴近儿童生活。本课所研究的内容及使用的器材都是学生周围的一些物品，要使学生从自己的生活走进课堂，让他们明白探究无时无地都可以展开，从而激发他们学习科学的兴趣，点燃他们的思维火花。

四、课前准备

教师准备：水槽、石棉网、酒精灯、镊子、米醋、三脚架、实验记录单。

学生（四人组）准备：塑料袋、蚊香、木条、香、木屑、木炭、火柴、扇子、布条。

五、教学过程

（一）游戏引入，激发兴趣

师：同学们，今天老师特地给大家带来了一件礼物，现在就用它来做一个游戏，比一比谁的鼻子最灵敏。好吗？

学生充满好奇地说好。

师：在靠近窗边的水槽里倒入半槽米醋，谁闻到气味就马上站起来。

生：靠近水槽位置的学生先站起来，其他陆续也站起来。

师：下面老师宣布这次比赛的结果，坐在最前头的同学是我们班中鼻子最灵敏的。

很多学生表示反对。

师：为什么老师宣布了这次比赛的结果，你们却表示反对？

生1：坐在前面的同学离水槽近，所以就先闻到酸味了。

生2：醋很容易蒸发到周围的空气中，而空气是流动的，离水槽越近，空气飘过来就越快，所以就先闻到了。

生：……

师：同学们，你们真会动脑筋。空气是流动，流动的空气就是风。空气在流动得慢的时候，会形成微风；流动得快的时候，就会形成大风。

（设计意图：这个教学活动以学生的基本生活经验为基础，让学生通过自己的亲身感受来引出活动的主题，这样孩子们对这个活动话题更感兴趣，都能投入学习中去。）

（二）动手实验——探究空气的流动

活动一：

师：风究竟是如何形成的？今天我们就来研究这个问题好吗？

老师请每位同学在塑料袋里装满空气，袋口用线扎紧，然后用针在袋上刺一个小孔，把小孔对准耳朵、脸或者桌上的小纸片，轻轻挤压袋子。

师：说说你发现了什么？

生1：我的耳朵听到"呼呼"的风声。

生2：我感觉到风从我的脸上轻轻吹过。

生3：用小孔对准桌上的小纸片，纸片会飘动起来。

师：根据同学们的发现，我们能得出什么结论？

老师请四人小组交流后汇报，然后板书：空气的流动产生风。

（设计意图：让学生在这个活动中大概了解风是怎么形成的，为下一步开展探究活动做铺垫。）

活动二：

师：风既然是看不见、摸不着的，我们怎样才能看到风呢？你们能在四人小组内用你们准备好的材料想办法设计一个实验让我们看得见空气是怎样流动的吗？并且你们要在图中画出空气流动方向图。

1. 学生四人小组自行探究，老师提出做实验的要求与需要注意的地方。

2. 教师巡视、指导。

3. 学生汇报、交流实验结果。

小结：空气往上流动。

师：你有办法改变空气现在的流动方向吗？

学生们争先恐后地上来，有的用嘴吹，有的用书扇，有的将课本挡在香上方，有的拿着香挥动，……

（老师用课件演示风就是流动的空气）

（设计意图：在改变空气流动方向的过程中，老师让同学们深入体验，自主发现问题、自主探究问题。在自主探究的过程中，学生的发散思维被激活了，创新的火花不断被点燃。他们在使出浑身解数的同时，也深刻地体会到了空气往哪流动、风往哪吹、烟往哪飘的规律，从而验证流动的空气就是风的结论。）

活动三：

师：同学们有没有发现，刚才同学们在做实验时，门窗都是关闭着的，如果我们把教室的门窗都打开，你又能发现些什么呢？下面我们分小组进行探究活动。

要求：

（1）观察不同位置烟的飘向，并在图中画出空气流动方向图。

（2）对比讨论：对所记录的不同位置的空气流动图进行对比观察，你发现了什么？

（3）汇报结果：说一说你们小组的讨论结果。

生1：不同位置的空气流动方向都不一样。

生2：在同一位置观察，不同时间所观察到的烟的飘向也会不同

最后推论：在教室的不同位置、不同时间，空气流动的方向不同，风的方向也就不同。

（三）到大自然中找风的踪迹

师：在前面的探究活动中，我们知道了流动的空气就是风，那么在日常生活中，你认识哪些类型的风？

学生都争着汇报自己在课前所收集的资料，有的说微风、大风、和风；有的说西北风、东南风；有的说热风、冷风；有的说暴风、台风、飓风；等等。

师：大家知道的可真多，想不想真切地去感受一下各种各样的风？

生：想！

师：（放映短片）现在请同学们尽情地去感受吧！

师：看完各种类型的风后，你有什么感受？

生1：我觉得台风和龙卷风很可怕，因为它们会掀起房屋、吹翻船只、刮倒树木。

生2：飓风是最厉害的风。

生3：微风最可爱，因为它既能让我们感到凉快，又可以传播花粉和种子。

……

师：风对人类虽然有很大的危害，但它对人类及自然还有许多好处呢，有谁知道？

生1：有风，我们可以到郊外放风筝。

……

（设计意图：老师让学生通过回顾自己已有的经验和其他信息渠道获得的资料，以交流的方式使学生认识自然界中的风的各种表现，以加深学生对风的认识，同时培养学生利用已有的经验和信息资料来认识问题的能力。）

（四）学以致用——我们也能制造风

师：风会给人类带来灾害，也能给人类带来好处。很多时候人们还要人工制造一些风呢。你们能不能利用自己的聪明才智，运用一些方法来制造出不同的风呢？

生1：我能用扇子制造风。越用力扇扇子，风就越大。

生2：我能用嘴吹出风来。我用嘴吹风车，风车就转动了。

……

（设计意图：这个活动的目的是为了启发学生初步认识到风是空气流动形成的。推动空气流动的力量不同，风的大小就不同。推动空气的力量大，产生的风就大；推动空气的力量小，产生的风就小。风的冷热与空气的温度有关系，空气的温度不同，风的温度也就不同。）

（五）开拓创新

教师让学生们欣赏风的趣闻，包括诸葛亮借东风，利用风力发电等动画，并且向学生们提问：如果让你来做一个小小发明家，你准备利用风为人类做些什么呢？

（下课）

（设计意图：这个活动的目的是为了启发学生热爱科学知识，从而教育学生要热爱学习，长大后做个对社会有用的人。）

【结果与反思】

新课程标准强调了以培养小学生科学素养为宗旨，积极倡导让学生亲身经历并且以探究为主的学习活动，使他们学会探究解决问题的策略，为他们终身的学习和生活打好基础。"流动的空气"这一节课是探究教学实践中的思维能力培养的科学课。在整个教学过程中，我给予学生充分的时间与空间进行自主、合作探究，让学生自我体验、大胆想象，并有效地利用了网络信息技术，将学生的科学学习背景由教室转向更为广阔的空间，扩展学生对周围世界科学现象的认识与体验，丰富学生的学习经历，取得了良好的教学效果。在教学中，我深深体会到，在科学课堂上，我们真的要相信学生的自主探究能力，应该真正地放手让他们进行自主探究活动。

科学课堂中，教师的"教"和学生的"学"应是相辅相成的。教师应该要以"人的发展"为宗旨的教育观，培养创新人才。所以本课例，教师利用游戏、活动等形式来帮助学生产生对科学的求知欲，让教学更有效。

（1）创设问题情景，激发学生的学习兴趣。

创设问题情境，激起认知冲突，鼓励学生进行直觉思维。巧妙地创设问题情境，能启发学生思维，提出他们要探究的问题。教师应在学生提出了与教材设计相同的问题后，鼓励他们尽可能地从不同的方面来提出问题，在学生得出各种问题的基础上，再指导他们对问题进行整理、分类，然后引导学生讨论这些问题的研究方法和进行研究所需要的条件，并选出典型的、利用现有条件可进行探究的问题，让学生经历其探究的过程，解决问题。这样做既解决了学生提出的问题，又让他们兴趣盎然、探究愿望强烈。教师如果能够充分利用儿童的生活经验和已有的知识，适时引导、从扶到放、循序渐进并注意提问质量和解决问题过程的引导，科学探究也就会事半而功倍。所以这节课，教师一开始就让学生进行"比谁的鼻子最灵"的游戏，让学生闻到醋的味道就站起来，看谁的鼻子最灵敏。这样学生充满了好奇，就能继续投入该课的学习中去。

（2）教学内容生活化。

这门学科实践性较强。为此，教师在教学时必须把教学内容和生活有机结合起来，营造一种宽松平等而又充满智力活动的氛围，把那些相对难懂的知识融入学生熟悉的有趣的生活情境中，使学生学得有趣并且能够自然而然地掌握新知识。在解决"如何知道教室里空气在流动"的时候，我摆脱了演示引导，利用准备的材料，让学生充分联系生活，使学生根据平时的烧香和对风的感觉等生活经验来思考、解决课堂上的问题，培养学生良好的思维习惯。

（3）教学注重培养学生的探究主动性。

在教学中，我让学生四人小组用准备好的材料想办法自行设计一个让大家看得见空气是怎样流动的实验，并在图中画出空气流动方向图。在探究空气流动方向的过程中，同学们深入体验，自主发现问题、自主探究问题。在这自主探究的过程中，学生的发散思维被激活了，在使出了浑身解数的同时，也深刻地体会到了空气往哪流动、风往哪吹、烟往哪飘，从而验证流动的空气就是风的结论。这样的教学提高了学生的学习兴趣，让他们在学习上变得更主动了。

（4）在教学活动中培养创新精神和实践能力。

在课堂上，我用了几个活动让学生亲身经历探索过程，让学生在学习过程中积极思考问题、设计实验。整个科学学习以学生为主体，让自主性科学探究在科学课堂上得到充分体现，并根据研究所获的事实与证据让学生做出各种解释，使学生形成科学观念、领悟科学研究方法。整个学习过程能真正培养学生的科学素养，培养学生的科学探究能力，培养学生的创新精神和实践能力。

案例原作者信息：广东第二师范学院番禺附属小学　陆丽敏

案例 1 点评：

教师在小学科学课堂教学中要组织好学生的科学探究活动，要充分相信学生的自主探究能力，大胆放手、小心引导，培养学生的创造性思维，培养学生的创新能力，从而使教学取得事半功倍的效果。本案例是三年级学生在开展"流动的空气"的教学活动。本课例通过教师指导学生活动，利用具体的实操例子启发学生思考，进而使学生学习方法解决问题的过程，体现了教师指导的适时、适度和有效。教师能根据学生知识与能力水平，在课前有意识地了解学生的困难，在活动中有针对性地开展方法指导。指导教师根据学生在课堂上解决问题的情况，及时对学生的学习情况进行反馈，使课堂学习得以有效地开展。在整个教学过程中，教师能让学生自己观察现象、自己发现问题、自己解决问题，在活动中完成了本节课的教学目标，并激发了学生自主学习的兴趣和愿望，初步培养了学生发现问题、解决问题、合作学习的能力。

案例 2："设计与制作：自制'小喷泉'"创新思维教学案例

【案例背景】

创新意识和能力的培养是目前教师和学生面临的共同课题，也是教育改革的瓶颈。小学科学是培养学生科学素养、创新精神的平台。要培养学生的创新精神，就应当改变旧的教育观。这一次，我们来到东莞市寮步镇凫山村的一所小学，这所学校学生有一千一百多人，配备了三名专职的科学教师，既有优秀的有经验的教师，也有年青的干劲十足的新教师。为了深入了解学校的科学教学常态以及教师如何在教学课堂教学中培养学生的创新思维，我们聆听了该校的一名小学科学高级教师的"家常课"——设计与制作：自制"小喷泉"。

【案例主题】

本节课是粤教版小学科学三年级上册"设计与制作：自制'小喷泉'"。学生在设计、制作、测试、改进的过程中制作小喷泉，学习如何利用不同容器间的水位差，产生势能，驱动水在一定压强下喷射，以此激发探究欲，加强科学思维活动，推动自身进一步探究制作"小喷泉"的兴趣。

【案例描述】

（1）课前，同学们纷纷走进科学实验室，在实验室中，同学们被分为 12 个小组，每个小组都准备好大塑料瓶、小塑料瓶、小玻璃瓶、粗细不同的塑料管、橡皮泥、水槽等。

（2）本课的任务是小组合作选择合适的材料制作小喷泉。

（3）在教学过程中，教师通过现象引入，结合生活情境：把奶瓶放到热水中，一会儿，牛奶从吸管中喷出来，形成"牛奶喷泉"。教师对学生进行任务驱动：利用身边合适的材料来制作一个"小喷泉"。

①小组讨论：要制作"小喷泉"，先要进行设计，要考虑各种因素，如选择多大的瓶子、喷管的粗细、瓶子里水的多少等。学生利用材料和工具，然后画出"小喷泉"设计图。

②学生以小组为单位，按自己小组的设计，选择合适的材料进行制作。

③各小组制作完成后进行测试：把制作好的"小喷泉"放到水槽里，用热水进行效果的测试，观察测试结果。教师要引导学生利用热水测试并观察使用效果，一边展示一边简单描述。

④学生根据测试，发现问题，进行改进，创新方法，让"小喷泉"喷得更高。

原作者信息：东莞市寮步镇凫山小学　叶钜明

【结果与反思】

好奇心是创新意识的萌芽。如果学生对科学有了好奇心，才能主动地去学习和钻研。培养学生的创新意识，就是要让学生在教学过程中发现问题并积极探求，营造一种民主、宽松的课堂氛围，让学生的思维自由奔放。因此，教师在教学时，要基于生活现象，采用灵活多变的教学方法，着力营造一种轻松愉快的学习氛围，从而培养学生的学习兴趣和热情，通过任务驱动吸引学生去思考、去探索、去创造。

培养学生创新思维的关键在于科学观察。科学观察能够培养小学生对陌生事物的探究和发现能力。学生只有在观察中通过结合常见的自然现象和社会现象，学会自主观察学习、主动合作探究和交流，才能从中获得真实的科学现象知识，学会尝试整理和理解新经验，从而更好地提升自己的创新思维能力。

案例点评：

本课教学中，教师通过生活中加热牛奶的情境提出任务，揭示课题，激发学生探究活动的欲望，然后通过观察、讨论与交流，让学生对制作材料和工具有充分的认识和思考，激发学生探究的兴趣，为后续制作活动打下了基础。在测试"小喷泉"装置后，学生对装置进行改进与创新，思考选择的材料是否合适、装置设计是否合理、瓶子里的液体量是否合适、喷泉效果是否明显、整个成品是否美观等。经过测试，学生发现装置所存在的问题，再根据具体情况提出解决的方法，进行改进和再测试的过程，直到喷水效果理想为止。本节课充分激发了学生的探究欲，加强了学生的科学思维活动，推动了学生进一步探究制作"小喷泉"的兴趣。

"创新是一个民族进步的灵魂，是国家兴旺发达的不竭动力。"当今，我国正进行教育改革，提升学生的素质教育。素质教育的核心是培养学生的主动学习精神和动手创新能力。小学科学为培养孩子的创新精神和实践能力提供了许多学习的平台和机会。

【参考文献】

[1] 朱锐.批判性思维与创新思维的关系研究 [D].北京：中央民族大学，2017.